親育ち支援のための
保護者対応

松田順子（東九州短期大学）

保育ナビ
ブック

はじめに

　『幼稚園教育要領』『保育所保育指針』『幼保連携型認定こども園教育・保育要領』の三法令が同時改訂（定）され、2018年度より本格実施となります。

　また、待機児童問題の深刻化や「ワーク・ライフ・バランス」、社会情勢に鑑みた家庭支援（保護者支援）など、子育て・子育ちにかかわる種々の課題に、保育者の専門性の強化が叫ばれています。なかでも、保育者が有している保育と保護者支援の専門的知識と技術を社会が大きく認識し始めてきました。

　今回の改革も「保護者と共に、子どもの育ちを支援していく」「保護者の子育てを支援していく」という役割は、教育要領でも保育指針でも教育・保育要領でも必要性を提起しています。

　保護者の気持ちを受け止めつつ、安定した親子関係や親の養育力向上（エンパワーメント）を支援するためには園の力が重要視されていると言えます。

　本書は、月刊保育誌『保育ナビ』において、2012年度〜2016年度の5年間にわたって連載した原稿を再構成し、まとめたものです。

　連載では、幼稚園・保育所（園）・認定こども園の専門性を生かした保護者対応について、現在の園長・主任・主幹教諭・子育て支援担当者から直接話をうかがいながら、毎日の子育て・子育ちの充実につなげていけるよう内容を精査しました。

　分類にあたっては、保護者対応が円滑に展開されることを願い、

① 親個人の成長と自己実現のための支援
② 親と子ども、親と保育者、親同士の人間関係における支援
③ 生活を営む環境や場における支援

と、大きく3つの視点で整理しています。また様々な事例を取り上げ、解決方法を示しています。皆様の日々の仕事にひき寄せて読まれると、一層理解が深まるのではないかと思います。

　本書の出版にあたりましては、フレーベル館の保育企画編集部の方々に精力的にご尽力いただきましたことを感謝申し上げます。

松田順子

親育ち支援のための
保護者対応

もくじ

はじめに ………………………………………………………………………… 3

第1章　親個人の成長と
　　　　自己実現のための支援

1	初めての育児で妻がノイローゼになってしまった	8
2	子どもが発熱していても登園させようとする親	10
3	母親がうつ状態で子どもへの虐待が疑われる	12
4	園で友だちを泣かせても「強ければいい」と言う母親	14
5	保護者が友だちの家庭環境を根掘り葉掘り聞いてくる	16
6	子育て支援センターでいつも1人、寂しそうな母親	18
7	「仕事が忙しい」を言い訳にネグレクト状態の家庭	20
8	居場所交流型子育て支援の運営の適任者とは？	22
9	親としての自覚がなく「親育ち」が不十分な母親	24
10	両親の離婚の影響か園で不安定な様子が見られる	26
11	知らない土地で子育てをする母親の孤独	28
Column ①	ももたろう	30
Column ②	金太郎	31
Column ③	かぐや姫	32

第2章　親と子ども、親と保育者、
　　　　親同士の人間関係における支援

1	発達が気になる子どもとその親への支援	34
2	勤務後も、保護者からメールや電話で相談が	36
3	母親からの虐待が疑われる園児	38
4	子どもから離れることができない母親	40
5	園へのクレームをくり返すトラブルメーカーの母親	42
6	子どもに厳しい発言や禁止の言葉をくり返す母親	44
7	連日の習い事など子育て完璧主義の母親	46
Column ④	浦島太郎	48

第3章　生活を営む環境や　場における支援

1　仕事と子育てのバランスに悩む親 ……………………………… 50

2　短時間の預かりばかりで園環境に馴染めない子ども …………… 52

3　言葉と文化の違いに悩む外国人の親子 ………………………… 54

4　第2子出産で養育困難になった母親 …………………………… 56

5　両親と別居し、田舎の祖父母宅で暮らす子ども ……………… 58

6　人の話を聞かずに自分本位な行動が目立つ母親 ……………… 60

7　貧困家庭に育つ子どもの保育 …………………………………… 62

8　「おやじの会」がなかなか盛り上がらない園 ………………… 64

9　「遅寝、遅起き、朝ごはん抜き」の家庭 ……………………… 66

10　読み書きや英語を教えない保育方針が不満 ………………… 68

11　「障がいをあわれまないで！」と支援を拒絶する親 ………… 70

12　一般的（とみなされる）家庭への子育て支援 ……………… 72

13　園児の家庭支援に加わりたいという児童委員 ……………… 74

Column ⑤　白雪姫 ……………………………………………… 76

Column ⑥　赤ずきん …………………………………………… 77

Column ⑦　北風と太陽 ………………………………………… 78

あとがき ………………………………………………………… 79

第1章

親個人の成長と自己実現のための支援

『児童福祉法』（第2条）には「国及び地方公共団体は、児童の保護者とともに、児童を心身ともに健やかに育成する責任を負う」とあります。家族だけで子育てをするのではなく、社会的な支援が受けられることが規定されています。

また、『児童の権利に関する条約』は、国が子どもの保護者の権利および義務を考慮しながら児童福祉を担うことを求めています。

子どもは、家庭を拠点として生活しています。どのような家庭環境にあっても等しく、すべての子どもに支援の手をさしのべなければなりません。経済的な問題や保護者の養育力の弱体化など、子どもに不利益がおよぶ際には、子どもの権利が損なわれないよう個別に配慮した支援が必要になってくることは言うまでもありません。

このように、子どもは「社会から保護される」、受動的な立場にあるとする基本的な理念があります。

これらをうまく紡ぎながら具体的な事例をもとに「子育て・子育ち支援」の方向性を探っていきます。

Chapter 1-① 初めての育児で妻がノイローゼになってしまった

事例 「育児中の妻の様子がおかしく、精神的に不安定な状態が続いているようだ」という父親からの相談

　自営業の父親は、「一緒に育てよう」という気持ちはあるものの、忙しくて時間的な余裕がない状況です。母親は近くに両親も親しい友人もいない状態で、1人で育児を抱え込んでしまっています。

　子どもがミルクを飲まなかったり夜泣きが続いたりすると、自分を責めたり、子どもの気質に問題があるのではないかと極度に心配したりするなどの精神的不安定さが見られ、父親から相談を受けた市の子育て支援課は、すぐに保健師を訪問させました。

　1度目は、「他人を家に入れたくない」と断られましたが、父親に相談して母親を説得してもらい、再び訪問すると、「だれかに相談し、気分を楽にしたい」と受け入れてくれ、徐々に気持ちもほぐれていったようです。3度目の訪問後、保育園の一時預かりを勧め、近くの園で短期間の預かりを行うようにしました。母親へは、その後も保健師が訪問を続けています。

解説 血縁・地縁のない人にとって、頼れるのは園だけ
孤立する子育てには、養育力向上のための総合的なサポートを

孤立する子育て
その背景とストレスの要因

　少子化や核家族化、都市化、情報化などは、家庭における家族の関係や役割を大きく変化させました。

　養育形態は、祖父母やきょうだいを含む、「大家族支え合い型」から、近くに頼れる人がおらず、雑誌やインターネットの情報を参考にする、「孤立型」へと変化しています。現代の親たちが、きょうだい数も少なく、幼い子どもとふれ合う機会もないまま、親になったことを考えると、悩みつつ育児する姿は、容易に理解できるところです。

　養育にあたっての相談内容には、以下のような要因が考えられます。
①**心身の疲労**…初めての出産、高齢出産、睡眠不足、体調不良
②**育児経験の不足**…授乳、夜泣きなど、養育するにあたっての知識や体験不足、基

本的生活習慣の確立の困難さ
③子育て援助者の不在…父親の協力を得られない。近くに頼れる祖父母などの血縁者がいない。地域に協力者がいない
④育児観（感）の違い…祖父母との不仲や、養育にあたっての考え方の違い
⑤過度な期待や欲求…よい子に育ってほしいと期待しすぎる
⑥障がいや健康上の不安…子どもに発達の遅れや食物アレルギーなどがある

今回の事例では、母親自身の心身の疲労や子どもへの接し方の不安が特に見受けられます。今後も孤立が深まり、より一層悩みが加算されていくことが考えられます。

温かく受け入れて 養育のコツをつかんでもらう

子育てに悩む背景に鑑み、どんな悩みでも保育者が温かく、しっかりと受け入れていくことはとても大切です。

ベテランの保育者の傾聴と共感で、不安な心は少しずつやわらいでいくことでしょう。そのうえで、乳児室で具体的なふれ合い方や授乳、寝かし方、オムツの替え方などを見せ、養育のコツをつかんでもらうようにしましょう。父親育ても大切です。少しずつでも、母親の相談にのったり、家事の手伝いをしたり、子育ての手助けができるよう、父親の養育講座を行いましょう。

最近では、家庭支援のための専任の保育者を常駐させている園も増えてきました。保育者不足の場合は、公的機関との連携は必須です。今後はカウンセリング、ソーシャルワーク的知識を備えた、訪問型家庭支援ができる保育者の育成が求められます。

地域のコアセンターとなって 養育力向上の支援を

本来なら、子どもを産み育てることを通して、親の子どもを養い育てる力（態度、行動、意欲）が向上していくものです。しかし頼れる血縁・地縁のない現在の親たちにとって、頼れる存在は園しかありません。

保育者は専門性を生かして支援をしていくと共に、自身の限界を知り、他の適切な専門機関へつなげたり、保育者自身が相談機関を探し、技術の向上に努めることは大事なことでしょう。

> 地域子ども・子育て支援事業
> ○ 乳児家庭全戸訪問事業
> ○ 養育支援訪問事業
> ○ 地域子育て支援拠点事業
> ○ 一時預かり事業

解決への
ベスト
アクション

☑「大家族支え合い型」から「孤立型」へと養育形態が変化したことを認識し、ストレスの要因を分析する
☑ 母親はもちろん、父親の養育力向上をサポートしていく
☑ 保育者の専門性を生かした支援と共に、適切な専門機関への接続を考える

子どもが発熱していても登園させようとする親

事例　朝は平熱なのに、午後になると発熱する子ども
どうやら、朝、解熱剤で一時的に熱を下げているよう

　朝、熱を計っても通常の体温なのに、昼過ぎから熱が上がり始め、午後になるとぐにゃっとしてしまっている子どもが、最近増えてきました。

　どうやら保護者が、早朝に解熱剤を使用して一時的に子どもの熱を下げ、登園させているようです。

　午後、保護者の勤務先に電話連絡し、子どもの様子を伝えながらお迎えをお願いすると、「もう少し待ってください。仕事が一段落してから向かいます」と言いながら、結局、午後5時過ぎ、いつものお迎えの時間になるまで迎えに来ません。

　仕事が忙しいという事情はわからなくはないのですが……。園では対応に困っています。

　また、「具合の悪い子どもを家でどうやってみればよいのかわからない」と話す保護者もいて、気になります。

解説　共働きの核家族を支える「病児・病後児保育」
園の態勢を整え、親への細やかな情報提供とアドバイスを行う

血縁・地縁が薄れてしまった最近の子育て事情

　昔は、子どもが病気の時くらいは、母親や祖父母がそばにつき添い看病していたものです。子どもは母親の温もりを感じながら、病気であるけれども幸せいっぱいで回復に向け静養していました。

　また、ご近所にも「1日くらい、みてあげるわよ」という頼れるおばさんがいて、血縁・地縁で子育て支援が行われ、よい地域ネットワークも築かれていました。

　今は、母親の就労増加のうえに、地域コミュニケーションも減少し、人間関係は希薄になってきています。若い親はご近所づき合いは煩わしいと避ける傾向もあります。

　そのような事情が考慮され、多くの子育て家庭支援政策が打ち出されています。なかでも、病児・病後児保育は、共働きの核家族にとって「渡りに船」と言えるでしょう。事例の保護者に対して、病児の指導をすることはもちろん大切ですが、今後は園として病児・病後児への対応を検討する必要もあります。

病児・病後児保育に対応する園が増加

最近は、病児・病後児保育を専門に行う保育施設が各地に設けられています。しかし、子どもが体調不良だからといって、何週間も何か月間も続けてみてはもらえません。少しでも回復が見込まれ、通常の生活に支障をきたさないと判断されれば、本来の園での生活に戻らなければなりません。

そのような現状から、体調不良児を扱えるよう専門の部屋を設け、病児に対応できる看護師や保育者が配置されたり、園医が回診に来たりと、設備や人の配置を整えている園も増えています。

園で病児・病後児を預かるときの朝の受け入れとお迎えの対応

朝は保護者も時間に余裕がないので、ある程度、電話で子どもの病状を聞いておきます。

問診票の記入は、保護者が行うので、確認する項目についてあらかじめポイントを絞り、要領よく聞きます。

お迎えの時は、問診票に医師からのメッセージが記入されるので、1日の様子がわかるよう保護者に伝えることが大切です。

園で病児・病後児を預かるときの子どもへの保育

保育者は、その日の利用者に合わせて保育内容を組み立てなければなりません。そして、利用する保護者が安心できるような配慮が必要です。そのため、あらゆる年齢に応じたかかわり方や遊び（活動内容）を知っていることが望まれます。

親も不安な気持ちで子どもを預けています。親へは1日の生活内容をわかりやすく、具体的に説明します。もちろん、やわらかな物腰とやさしい笑顔で、温もりを感じさせる態度を忘れてはなりません。

親育ての視点をもつこと

現在の保護者は、「親」になるまで子育ての経験がほとんどなく、なかには、「赤ちゃんにふれたことがない」という人もいます。実体験のないことが、病児への不安のいちばんの要因でしょう。

また、ネットで子どもの病状を検索し、そこに書かれていることをすべて信じ込んでしまう保護者もいます。

保護者の経験不足を補うためにも、保育者の正しい知識や子どもへの接し方、親へのアドバイスが欠かせないのは言うまでもないことです。

解決へのベストアクション

- ☑ 看護師、保育者、栄養士などの職員が十分に連携を取りながら、会議やカンファレンスで意思疎通を図って進める
- ☑ 病児に対し、注意すべき点を正しく認識し、細心の注意を払って保育する
- ☑ 子どもが病気の時にどう対応すべきか、親に正しい知識を伝える

Chapter 1-③ 母親がうつ状態で子どもへの虐待が疑われる

事例　第2子出産後、母親がノイローゼ気味で上の子の世話を放棄 暴力も見受けられるように

第2子を出産してから、母親の育児に対する不安が強くなってノイローゼ気味であるということで、父親から、上の子であるAちゃん（3歳）を園で預かってほしいという依頼がありました。

父親から話を聞くと、母親は第2子を出産後、Aちゃんを怒鳴ったり、たたいたりすることがあるかと思うと、1日中、子どもにかかわることなく、育児を放棄する状態もあるとのことです。

母親は、近くに友人など相談できる相手がいない状況で、祖父母が家に来ることも嫌がり、「自分1人で立派に子育てをします」と泣きながら訴えるのですが、最近では、赤ちゃんの泣き声を聞くとパニック状態になり、「死にたい」と口にすることもあるようです。

母親は現在精神科医にかかり、症状を抑えるための薬を飲んでいるようです。

解説　ネグレクトをする親を支えるのは園の役割 家族と相談し、関係機関とつなぎ、長期的視点に立った支援を

家族の今日的様相 親力の低下と精神不安

家庭の機能を問われた時、「精神的安らぎを得られる場」と答える人の割合は、比較的高いものです。人がこの社会で生きていくためには、家族の精神的な支えが重要であることは言うまでもありません。

ただ、今日の核家族の増加によって、日本社会では、子育ての悩みは家族だけで解決することが難しくなってきました。そのため、社会のシステムを活用して解決する姿勢に向かっています。

家庭だけの閉じた状態での育児は、母親の精神的負担を大きくし、子どもの虐待への引き金となっていくことも考えられます。それに対し、社会の子育てシステムである園での開かれた育児は、この脆弱さを補い、子どもの最善の利益につながっていくこととなります。

また、最近の母親は、親になるまで自分中心に暮らしてきた傾向があり、苦しさへ

の耐性に欠ける場合も見られます。

子育ては思い通りにならないことの連続です。これが、この事例のような日々の精神的な不安定さやブルーな気分のもとになると考えられます。

家族から母親の症状を聞き出し共感的に受け入れていく

今回の事例では、まずは、母親の症状の把握です。事前に父親や祖父母などに確認したうえで、会うかどうか判断することが大切です。父親の情報で、母親の症状が重いと考えられる場合は、役所の子育て支援課などに相談しながら、子どもを園で預かることが望ましいでしょう。

母親を支援するうえで必要な情報は、以下のようになります。

①どのような育児不安があるのか
②何をいちばん気にして悩んでいるのか
③母親の普段の様子はどうか
④内服している薬にどんな副作用があるか

次に、家族、特に父親は、日常どんな点に注意しながらかかわっているのかを聞き、園での対応の参考にしましょう。

母親支援にあたっては、ゆっくり、焦らず、無理をしないことが大切です。気分のよい時は園に来てもらって、雑談の中で母親の話を十分に聴いて、共感的に受け入れるよう配慮していくとよいでしょう。

1 母親へのかかわり方

①相手の立場に立って話を聴き、話ができるような関係づくりをする
②話の途中で感情のコントロールができずに急に怒り出すことがあるが、無理になだめるのではなく、話を聴きながら落ち着くのを待つ
③約束した面談に来ないことがあっても、責めない。「行為はよくないが、存在は認める」という姿勢で前向きな言葉かけを長期的に行う
④厳しいことを言わなくてはならない場合は、関係機関と役割を分担して、親子との関係が途切れないようにする

2 子どもへの対応

親の養育の怠慢・拒否のために、子どもの生命に危険が及ぶ場合があります。脱水症、栄養失調で衰弱が起きている、感染症や下痢、または重度慢性疾患があるのに、医療の受診がなく放置されて生命の危険があるなどの場合は、すぐに自治体の子育て支援課、または、児童相談所に通告してください。危険を感じる時は、緊急介入策として警察に通報することも必要です。

解決へのベストアクション
- ☑ 虐待は社会のシステムを活用して解決していく
- ☑ 母親の症状が重い場合、子育て支援課などに相談し、子どもを園で預かる
- ☑ 母親支援は、ゆっくり、焦らず、無理をしないで、共感的に接していく

Chapter 1-4 園で友だちを泣かせても「強ければいい」と言う母親

事例　いじめられないために、「友だちには強いところを見せろ」と母親に言われたと話すB君

B君（4歳）は、クラスのトラブルメーカーです。先日は砂場でいきなり友だちに砂を投げつけ、泣かせてしまいました。

担任がどうしてそんなことをするのかと聞くと、「ママが強くなれと言ったから」と強い口調で反抗し、友だちに謝りません。B君の母親を呼び事情を説明すると、「将来いじめにあわないために、小さい時から強いところを見せておかないとだめだと思います」と反論されました。

園長が、「今は善悪の判断ができるようになる大事な時期なので、こういうことをしたらダメだと教えてください」と話しましたが、母親は「先生方に自分の子どもを任せておけない」「どうせ他人の子どもだと思っているでしょう」と、周囲の保護者にも、自分の子育ての正当性を語るありさまです。

解説　専門性の高い保育者が、育児のよいモデルを示し保護者に親としての自覚をもたせる

社会の変容とそれに伴う支援の視点

家庭教育力の低下、待機児童問題、児童虐待、学校における体罰、いじめの深刻化など、子育て・子育ち環境の今日的課題は山積みです。課題解決のための議論は進められていますが、いちばんの解決策は、専門的知識と技術をもって支援できる優秀な人材がいることではないかと考えています。

保育現場においての保育指導援助には、園生活のなかで起こる子どもの発達や遊びの様相、また親子関係などに関する課題や問題について、保育者がその専門知識と技術を用いて支援していくことが含まれていると考えます。

親の養育力向上のための援助の方法

事例では、親の養育力向上への援助が必要ですが、具体的な方法を紹介します。

① 子どもの遊んでいる姿や生活の様子を撮って見せ、保護者に学習の機会を与える

② クラス懇談会では事前にテーマを示し、保護者が相互に育ち合う環境づくりをする

〈テーマ例〉
「親の愛情とは」「しつけと生活習慣の形成」「子どもの個性とは」「いじめをしない・させない子育て・子育ち環境とは」など
③ 外部の専門家を呼び、講演会などの学習の機会をつくる
④ クラス懇談会は、テーブルを囲み、お茶を飲みながらの団らん形式で、気軽に話し合える雰囲気をつくる
⑤ 親子のふれ合い遊びなどを通して、子どもとのかかわり方の多様なモデルを見せる

育児不安を抱える保護者の自尊感情を育てる

また、子育てに自信がない、保育者に頼れない、パートナーへの不満などを抱える人へは、ため込んだ不満の解消など、積極的な日常支援が必要です。保護者が必要とする知識や情報、育児の工夫を伝えるという援助は、保育者の大きな役割と言えます。

保護者自身のやりたいことを聞いたり、積極的に活動できるアイデアを出したりして、自尊感情を育める学習プログラムの提供を行い、保護者が自らの力を発揮したくなる動機付けを行っていきます。しかし、これらはすぐに結果が出るものではないので、長期的な視点をもつことも大切でしょう。

保育者は育児のモデル 専門性を高めて信頼を得る

保護者にとって、日常的な相談相手は保育者です。園への送迎時、保育参観時、行事での保育者のふるまいや子どもと遊んでいる姿などから、保護者は育児の見本を学んでいきます。保育者は保護者の子育てモデルとして、信頼を得ていることを知り、日々の保育の自己評価を行いながら、常に自分自身を高めていく努力が期待されるところです。

育児支援者の臨床的姿勢

ここで、育児支援者に求められる姿勢を挙げてみます。

相談を受ける際の姿勢は、人間的な温かみのある態度が求められます。また、保育者として、自分自身の専門的研究を深めようとする心がけも重要になります。

① 受容する
② 積極的に傾聴する
③ 共感的理解をする
④ 科学的な理論や理性的な態度をもつ
⑤ 情緒的な安定と健康的な人格をもつ
⑥ 自己理解を深める努力をする

など

解決へのベストアクション

- ☑ 保護者が育ち合える環境や、子どもとのふれ合い方を学べる場を設定し、保護者自身の親としての自覚を促す
- ☑ 保護者が抱え込んでいる不安や不満を和らげるための援助をする
- ☑ 保育者は、保護者の子育てのモデルとなれるよう専門性を高める

Chapter 1-⑤ 保護者が友だちの家庭環境を根掘り葉掘り聞いてくる

事例　友だちの給食に手を出す子どものことが話題になり個人情報にかかわる質問も飛び出して……

「自分の給食を食べ終わると、友だちの給食も食べようとする子がいる」という話がクラス中に広がり、保護者の役員会が開かれました。

会では、「どんな家庭ですか？」「親の仕事は？」「よい車に乗っているから、お金はありそうですね」「出身はどこですか？」「父親はいますか？」「子どもの生活の状態は？」と、個人情報にかかわる質問が飛び出し、収拾がつかない状態になりました。

一部の保護者は、尋ねるべきでない質問があるということを知らなさすぎますし、だれかが尋ねると、どんどんエスカレートしていく傾向もあります。

園側からは、「体格がよくてたくさん食べる傾向のお子さんです。これから給食時は、特に注意していきますのでよろしくお願いいたします」という回答を行い、その場を切り上げました。しかし、役員会終了後も、3人の保護者がその場に居残り、あれこれとうわさ話をしていました。

解説　保育者に課せられた、信用失墜行為の禁止や守秘義務などの倫理規定を守りつつ、誠意のある対応をする

保育者に求められる専門性と倫理意識

青少年健全育成講話、ＰＴＡ研修、民生委員・児童委員・主任児童委員研究会などでは、「学校、家庭、地域の連携による協育ネットワークづくり」といったスローガンがよく掲げられます。保育現場では、"家庭、園、地域コミュニティとの協育"が重要で、親と園が連携する子育ては、子どもが幼ければ幼いほど大切になります。

つまり保育者には、家庭や地域と連携するための高い専門性が求められます。また、それと同時に、専門職としての倫理観に裏づけられた、豊かな人間性も求められています。保育者は、信用失墜行為の禁止や守秘義務規定など、専門職として課せられている倫理規定を守らなければならないのです。

個人情報把握の必要性と守秘義務の重要性

保育者は、在園児の各家庭から多くの情報を得ます。また、他の保育者や市区町村の福祉課、民生・児童委員、人権擁護委員会などの関係機関との情報共有によって、支援を必要とする人の個人情報を把握する必要もあります。

その際、プライバシーには十分配慮し、興味本位で必要以上に個人から情報を求めることをしてはなりません。

生活状況の把握をはじめ、保育者同士の情報交換、専門機関からの情報提供などにより知り得た個人の秘密は、絶対に他に漏らしてはならない意識が大切です。違反に対しては、罰則や登録の取り消しが適用されることになっています。

子どもの最善の利益を守る立場に立ち、個人の秘密を守り、誠意をもった対応をすることが、園と保育者の本来のあるべき姿です。保育の理念を理解しながら、人権に配慮し、家庭や子どもを支えていく「協育」の関係を築くことが求められます。

若い世代に早期のメディアリテラシー教育を

また、特に、様々な情報機器を使いこなす若い世代の保育者は、大事な個人情報を扱う立場として、その危険性を十分に認識しておく必要があります。

守秘義務の重要性は、園に就職し、保護者や同僚、子どもたち、地域の人とかかわって初めて気づくものだと思います。若いからといって失敗は許されません。メディアリテラシー教育を早期に実施する必要性を感じています。

個人情報の取り扱いについての基本的な考え方と留意点

個人情報　保護と援助

- どのように伝えられるか
- だれまでなら伝えられるか
- どこまでなら伝えられるか

個人情報保護　／　守秘義務・社会福祉援助

注）親の同意が必要

〈当事者（親）への説明。または、同意に必要な内容〉
① 記録を残すこと（保管は確実、慎重に。目的以外には使用しない）
② 本人からの記録の開示要求に対応すること
③ 生命、身体、財産にかかわる緊急時の例外があること

<留意点>
1) うわさや伝聞をそのまま記載しない
2) 支援に直接関係ない事項は記載しない
3) 記載を拒否された事項は記載しない

（2012年　全国民生委員児童委員連合会資料）

解決へのベストアクション

- ☑ 保育者は、信用失墜行為の禁止や守秘義務規定など、専門職としての倫理規定を守る
- ☑ スマートフォン、タブレットなどに慣れ親しんだ世代である若手職員へのメディアリテラシー教育は早期に徹底的に行う

Chapter 1-6 子育て支援センターでいつも1人、寂しそうな母親

事例　周囲の保護者の話の輪に入ることができず子育ての孤独や不安を解消できない

地域の子育て支援事業に取り組み始めたある園でのこと。この子育て支援センターに、2人の子どもを連れてくるCさんがいました。このセンターは、在園児の保護者の他、地域の育児中（特に乳児）の母親に多く利用されています。

元々Cさんは、園の保護者会の時も"ぽつんと1人"で座っていることが多い人でした。センターでも他の母親と話すこともなく、1人で本を読んだりしています。ふれ合い遊びをする時も、みんなから離れて後ろのほうにいます。

Cさんは、下の子どもが生まれるまではプログラマーとして働いていたそうです。家庭では、両親がすぐ近くに住んでいるので、時には子どもを祖父母に任せ、時間があるとパソコンに向かっているとのことでした。近所には子育て仲間もいないようで、孤独感や不安を感じている様子が見て取れます。

センターに通って来る他の母親は、いきいきしている方が多く、ワイワイと楽しそうに過ごしています。このことがかえってCさんに孤独感を抱かせているのかもしれません。

解説　孤独な子育て脱却には、親同士の関係づくりが重要 センターの物的環境と人的環境を整備する

子育て環境の今

最近、多くの地域に子育て支援センターが開設されています。子どもも親も家庭以外で多様な人と出会い、"育ち・育ち合う関係づくり"のできる場は大変重要です。少子化でありながら大人の愛を十分に受けられない子どもたち、核家族化で母親1人が不安を抱きながら子育てする状況……。多様な親の姿から、現代日本の"子育て・子育ち・親育ち"の課題が見えてきます。

子どもの最善の利益を考慮しつつ配慮と援助を続ける

2010年に保育士養成課程の改正があり、子育て支援や家庭支援について扱う科目が、家族援助論から家庭支援論に変わりました。この改正に合わせて他の科目も見てみると、

より保育者の仕事の幅が広がり、深くなってきていることがわかります。

そもそも、親としての生き方、考え方、子育ての仕方に正解があるわけではありません。保育者の家庭支援では、目の前の子どもの最善の利益を考慮しながら、親子にどう接していけばよいのか、常に配慮と援助の姿勢を保つことが最善策と言えるでしょう。要は、親が自尊感情を高め、「いろいろあるけれど、子どものために楽しく頑張ろう！」と思えるようになることが大切です。

子育て支援センターに求められるもの

今回の事例のような、自分の居場所が築けず、積極的にかかわることができない人のために、子育て支援センターで、人との関係が生まれやすくするための環境づくりの方法を紹介します。

1 設備面
① 子どもと親の関係づくりができる、おもちゃや絵本を準備する
② 4～5組の親子が集える小さめの空間をつくる
③ スタッフ（保育者）を仲立ちとし、自己紹介し合ったり、2人組で話したり、遊んだりできる仕組みを考える
④「どんなことをしたいか」「どんなことを聞いてみたいか」などのアンケートを取り、関心の高いものから発展させていく
⑤ 保護者が育児に安心感をもつことができ、意欲が湧くような育児本などをそろえる

この場合、センター側が一方的に考えたプログラムばかりだと利用者が受け身になってしまい、取り組みに消極的になりやすいので一考を要します。

2 人的環境面
① 温かさが感じられる笑顔とやわらかな物腰で接する
② やさしさと愛情あふれる言葉かけ
③ 明るめの色（暖色系）の服装やエプロンを身につける。動きやすく、場にふさわしい服装や髪型、アクセサリーなどとする
④ 清潔感が全身から醸しだされるように

親しみやすいスタッフの存在は必須です。話しかけやすく、気さくな雰囲気があれば、保護者のほうから寄ってきます。その際、どんな人とも平等に接するようにしましょう。特定の人とだけ話すのでは、周囲に与える印象がよくありません。また、スタッフは当然、禁煙です。

解決へのベストアクション
☑ 孤立しがちな親が増えているため、地域の子育て支援センターの"育ち合う関係づくり"の重要性を意識する
☑ センターの設備を整え、プログラムは利用者の声をもとにして考える
☑ 利用者には、親しみやすい雰囲気で平等に接する

「仕事が忙しい」を言い訳に ネグレクト状態の家庭

事例　子どもが好きじゃない！？　日曜も園に子どもを預け遠足のお弁当は菓子パンとお菓子だけ……

　2歳児と3歳児を園に預けながら、毎日、バリバリと働く"仕事人間"のDさん。

　先日、お迎えがあまりに遅いので、「お子さんたちがず〜っと、首を長くして待っていましたよ」とお伝えしたところ、「仕事がとても忙しくて、子育てをする余裕もないくらいです。最近は、子どもを産まなければよかったと思うことがあります。子どもの顔を見るたびに、子どもが好きでないことがわかって……」と話されました。つまり、Dさんは仕事を口実にネグレクトに近い状況なのです。

　日曜も毎回、Dさんは子どもを朝早くから夕方まで園に預けます。子どもたちは、寄り添うように2人だけで遊んでいます。親子遠足では、リュックサックに菓子パン1つと袋菓子が1つ入っているだけ。親が不参加だったのも、Dさんの家庭だけでした。いくら忙しいといっても、もう少し子どもの気持ちを汲んでほしいですし、育児に無関心すぎる姿に不安が募ります。

解説　仕事に家事、育児……。働く母親の日々の大変さを理解したうえで、保護者に子どものための努力を促す

子育て支援は国の大きな施策ですが……

　子育て支援は、国の大きな施策の1つです。「ワーク・ライフ・バランス」「育児も仕事もしやすい社会環境づくり」「みんなで子育て支援」などのスローガンと共に、様々な情報が飛びかっています。「待機児童ゼロ作戦」などは、子育てに縁のない人も含め、国民全体が知るところとなりました。

　しかし、園がこぞって、事例のように「子どもの最善の利益」よりも「親の最善の利益」を優先させてしまうと、保護者の中には、自己中心的な考え方で「子ども・子育て支援新制度」を利用しようとする人が出てくるのではないかと危惧されます。

保育者は親の大変さをいちばん理解すべき職種

　保育者という職業は、他のどのような職

業よりも子どもの最善の利益について理解しなければならない仕事だと思います。そして保育者は、保護者に課せられた日々の家事、育児の大変さも、人一倍理解できるものだと思います。

つまり、「子どものためには、大人は何を、どう努力しなければならないか」という視点から、保護者対応を考えていかなければならない立場なのです。

その立場を踏まえ、事例の母親にはどのように対応すべきか、ポイントをまとめました。

1 園長・主任
① 母親の態度の改善が難しいときは、父親や祖父母など身近にいる近親者に協力をお願いする
② 子どもへの対応が目にあまるときは、関係機関（役所・児童相談所など）と情報共有し、解決策を考える
③ 民生委員・児童委員や、子育て支援センター（育児サポーター）に協力を仰ぐと共に、送迎時などを利用して保護者と話す機会を設ける

2 クラス担任
① 行事の日程などは、早めに知らせる
② 親子参加の行事に保護者が参加できない場合、後日、保護者が休みを取れる日に、園で親子がふれ合える時間を設ける
③ 「お母さんといる時、お子さんはとてもうれしそうで、いきいきしていますね」など、子どもが喜ぶ姿を伝える

幼児期は、親との愛着関係構築の重要な時期

子どもは、小学生になれば自立し始め、親の手を煩わせることは少なくなります。ですから、子どもが園に通うこの時期こそが、親との愛着関係の構築期として大変重要なのです。育児情報誌などから適切な情報を収集し、この時期の重要性をプリントなどでお知らせするようにしましょう。

保護者は、子どものために、いわゆる「親力」を身につけることが求められています。保護者自身が、自らのやり方で、"子どもを喜ばせることができた"と感じ、親としての自尊心を育成できるようになれば、それが最高の成果です。

解決へのベストアクション

- ☑ 園は、親の都合よりも「子どもの最善の利益」が優先される場所であることを認識する
- ☑ 仕事や家事、育児に追われる、保護者のつらい立場を理解する
- ☑ 園長・主任、クラス担任が連携して対応する
- ☑ 保護者が自分らしいやり方で子どもとふれ合い、「子どもが喜んだ」と感じられる機会をつくる

居場所交流型子育て支援の運営の適任者とは?

事例　園に保護者のための部屋をつくり、保育者経験のある保護者に運営を任せていたら、一方的なカウンセリングを始めていて……

　ある園では、送迎時、門の外で長時間話し込む保護者への対策として、保護者が自由に使用できる施設を園の一角につくりました。20人程度が集える広さの部屋で、使用し始めて3年になります。

　当初はベテラン保育者が施設の担当になり、保護者の話を聞いたり一緒に料理をつくったりしていましたが、よく利用される保護者の中に保育士経験者がいることがわかり、リーダー的手腕もあるようだったので、2年目からその方に運営を任せることにしました。

　ところが、先日、転園してきたばかりの保護者から、「ちょっと保育者をやっていたというだけで、『こうしたほうがよい』『そんなことでは子どもはよく育たない』など、家庭支援のプロのような言動をとるのは変です。気の合う一部の人とばかり親しくしていますし……」という苦情が寄せられました。

解説　子育て家庭支援者には、知識と実践的な経験のある人物が望ましいが、専門職としての資質も必要

様々な事情で子育てを負担に感じる母親たち

　私がよく話をする子育て中の母親たちの声には「自分の時間がもてない」「いつも疲れを感じている」「子どもの発達やしつけのことを考えると、心が休まらない」「十分な睡眠が取れない」「夫と口げんかが絶えない」「子育てと仕事の両立がなかなかうまくいかない」というものが多く、皆さん、心身共に大きな疲労感・負担感を抱えている様子です。

居場所交流型子育て支援を考える

　現在、子育て中の人たちが悩みを共有し、安心して子育てできる社会環境づくりが進められています。事例のように、園に親たちが集える場をつくり、居場所交流型で、「ピアカウンセリング（平等な立場で話を聞き

合い、サポートする)」的な手法を用いるのもその1つです。

しかし、「助けてあげる」「よい方法を教えてあげる」「悩みを聞いてあげる」という上から目線のかかわり方では、家庭支援とは呼べません。なぜなら、たとえ保育者などの支援者がよい方法を見出したとしても、保護者が自ら気づき、やりがいをもって取り組めるものでないと、家庭の中でうまく活用できないからです。

また、単に保育者や学校の教員経験者だからといって、家庭支援ができるというものではないように思います。自己肯定感や自尊心が人と人とのふれ合いの中で生まれるものであるとすれば、子育て支援は、人間性にあふれる人との出会いが大切になるのではないでしょうか。つまり、家庭支援を行う保育者にはそれ相応の資質が求められると言えます。

子育て家庭支援者に求められる資質とは

ここでは、家庭支援にかかわる保育者に必要だと考えられる資質の中から、主なものをいくつか紹介します。

①他人の気持ちに寄り添い、共感的な対応ができる
②決めつけない、柔軟で肯定的関心をもった態度が取れる
③上から目線や威圧的でない態度で接することができる
④信頼関係を築ける能力を備えている
⑤カウンセリングやソーシャルワークの技法・知識がある
⑥親に自分の力に気づかせる働きかけができる
⑦乳幼児の発達についての豊富な知識がある
⑧成人や高齢者などの教育を組織し、指導した経験がある
⑨危機管理能力がある
⑩地域と連携や協働ができる
⑪子育て能力や生活力の低い保護者のためのワークショップを指導する力をもっている
⑫多様な機関や組織とネットワークでつながりながらかかわることができる

以上のような能力が必要であると思われます。

この事例では、施設の運営者が、これらすべての資質はないにしても、ある程度の知識や技能をもっていることが重要です。子育て家庭支援者は、机上の知識や技能だけではなく、実践的な経験を多く積むことでこれらの資質を高めていきたいものです。

解決への
ベスト
アクション

- ☑ 上から目線のアドバイスではなく、保護者が家庭で取り組める方法を一緒に見出す
- ☑ 子育て家庭支援者には、専門職の資質としての豊かな人間性が必要
- ☑ 机上の知識だけではなく、実践的な経験を多く積めるように、子育て家庭支援者を育成する

Chapter 1-9 親としての自覚がなく「親育ち」が不十分な母親

事例　母親自身に、幼少期から朝食をとる習慣がなく朝食の大切さをわかっていない

　Eさんは、幼稚園の年少組に通う女児と、生後8か月の男児の母親です。結婚するまで働いていましたが、今は育児に専念したいと、仕事を辞めて子育てを頑張っています。

　先日、幼稚園の担任の先生に、「お子さんは朝から元気がなく、読書やブロック遊びばかりです。みんなと活発に動き回ったりもしてほしいですね」と言われ、Eさんは心配しているようです。

　いろいろとEさんと話すうちに、子どもに朝食を食べさせていないことがわかりました。Eさん自身、幼い頃から朝食を食べずに育ったこともあり、朝はおなかがすかないし、登園の支度などで忙しいこともあって朝食をつくらないそうです。父親は自分でパンを食べて会社へ行きます。下の子には母乳を与えますが、上の子は朝食がありません。Eさんは今まで、子どもに朝食を食べさせないことに何の疑問ももたずに生活してきたようです。

解説　子育て支援イコール、「親教育」「エンパワーメント」のための連携した指導を

今時の親事情 朝食は食べないのがあたりまえ？

　最近は、スマートフォンやパソコンを肌身離さず持ち、習慣的に使用していないと落ち着かないというのに、朝食をしっかりとる習慣が大切であるという認識が低い親に多く出会います。「早寝・早起き・朝ごはん」が提唱されて10年以上が経ちますが、その習慣が身についていない人が親となり、家庭を築いているのです。

　朝食の問題だけでなく、食事、睡眠、排泄、衣服の着脱、清潔などの基本的生活習慣は幼児期にしっかりと身につけさせなくてはなりません。幼児期の子どもをもつ親にそれらの重要性を理解させ、次世代の親を育てていく必要があります。

エンパワーメントのための系統的な「親教育」を

　親に親としての力をつけること（親の養育力向上＝エンパワーメント）は、「親教育」

によるところが非常に大きいと言えます。ですので、事例のような問題が生じた場合、保育者は臨機応変に対応しながら、「親教育」をしなければなりません。

まず、悩みを抱えた保護者とは、話し合いのための場所を設けて、じっくりと向き合います。保護者の多くに同じ課題が見られる場合は、計画的なプログラムに基づいて、それを解決するような一連の学習の機会をつくることも考えられます。

課題によっては、看護師、保健師、小児科医、子育て支援スーパーバイザー、家庭相談員などと連携して解決にあたる取り組みも必要でしょう。

地域や行政サービスの活用も促して

本事例の場合、家庭に乳児がいるので、市町村（子育て支援に関連する機関）の保健師による「赤ちゃん訪問」で、母子の保健ケアや、母乳・離乳食指導の対象となり、その際、上の子どものことも含めて、基本的生活習慣の形成のための教育を受けられます。

最近では、地域の子育て支援センターや親子教室に通って育児中の人と交わりながら、親として知っておくべきことを学習することもできます。

園においては、保護者会や保護者向け講習会を開催したり、プリントなどで情報提供したりすることも可能です。同時に、父親には父親を対象とした子育て講座や育児教室への参加を促すことも検討すべきでしょう。

園には、共働きの家庭が安心して子育てできる環境を支援していくことが求められます。多くの人々と連携して、子どもの成長のために有用で正しい情報を発信しながら、成果の上がる子育て支援（親教育）を行う必要があるのです。

また、園には、中学生や高校生が職場体験で訪れることがあります。この実習を、親となった時に必要なことを知るための学習の場と位置づけてはいかがでしょうか。「子育てする立場になること」に対して期待や喜びを感じさせると共に、未来の責任ある親への1歩を踏み出す場とするのです。

ただし、すべての子育て支援（親教育）は、一過性のものではなく、継続的に取り組むことが必要です。そのためのシステム構築が欠かせないことは、心得ておかなければなりません。

解決へのベストアクション

- ☑ 親の悩みには、じっくりと向き合う。解決には、看護師、保健師、小児科医、子育て支援スーパーバイザー、家庭相談員などと連携してあたる
- ☑ 中学生・高校生の職場体験を、彼らを未来の責任ある親へと成長させる場として活用する
- ☑ 継続的に子育て支援できるようにシステムを構築する

両親の離婚の影響か 園で不安定な様子が見られる

事例 おとなしいタイプの子だったのが、園でトラブルが増加 「家庭ではよい子です」と母親は話しますが……

　Ｆちゃん（3歳）は、昨年まではとてもおとなしい子で、部屋のすみでよく1人遊びをしている"手のかからない子"でした。しかし、最近は友だちとの遊びでよくトラブルを起こすようになり、「私のものよ！」「もう一緒に遊ばない」「来ないで！」と自己主張も激しくなってきて、今ではクラスのちょっとした「気になる存在」です。

　Ｆちゃんの両親は離婚しています。母親は「私が忙しいのがわかるのか、言うことをとてもよく聞き、やさしいよい子です」と言います。家庭では問題がないようです。

　昨年までは母親がお迎えに来ていましたが、最近は子育て支援サポーターがＦちゃんのお迎えに来ます。その時は、「ママがいい！」と言って大声で泣きわめき、なかなか帰ろうとしません。その様子を見て、担任が「ストレスがあるのではないですか。できる限りお母さんのお迎えを」と伝えたところ、「園の対応がよくない。うちの子は、先生のクラスになってから悪くなった」と、担任を批判しだしました。

解説 親の心をケアしないと、子どもへの影響が大きくなる 相手の話を傾聴し、就業支援や保護も視野に、総合的な支援を

増加傾向にある 「ひとり親家庭」

　最近、「ひとり親家庭」が増加していることを実感します。先日ある園に講演にうかがうと、園長先生から「ひとり親家庭が多いので、講演内容の配慮をお願いします」と言われました。ひとり親家庭の数を尋ねたところ、「3歳児クラスは4割、0〜2歳児クラスもそれに近い割合」だと言い、年々増えているとのことで、驚きました。

　ひとり親を自ら選択される方もいますが、多くの場合、やむをえない事情があります。日本では、「両親がそろった家庭でこそ、子どもは健やかに育つ」という考え方がまだ根強いため、保護者の精神的な負担も大変大きくなるのです。

「子ども本位の発想」 が重要

26　第1章　親個人の成長と自己実現のための支援

2015年4月に子ども・子育て支援新制度がスタートしました。この国家政策としての「子育て支援」は、安心して子どもを生み育てられる社会の実現を目指しています。この政策の理念を理解するには「子ども本位の発想」が必要で、園としては次の3点が特に重要です。
①すべての子どもに質の高い教育・保育を提供する
②園種の枠を超え、広い意味で幼児教育を捉える
③まちづくりにリンクした地域の子ども・子育て支援を行う

表面的な様子に惑わされず傾聴で、親の心に寄り添う

　そして、もう1つの大きな課題が、「親育て」と言えます。
　親の心のケアがされないままだと、子どもへの虐待などの事態を招きかねません。そのため、親の表面的な様子に惑わされず、内面に思いを巡らせながら対応する必要があります。まず、「この行動で訴えたいことは何か？」を考え、じっくりと相手の話に耳を傾けます（傾聴）。
　しかし、心の状態は気づきにくいものです。なんらかの問題を抱えている人は、「できない！と、子育てをあきらめてしまう」「気持ちがいつも沈んだ様子で、子どもの表情も暗く、乏しい」「どうせ自分はと投げやりになる」などの兆候が見られます。そのような場合、保育者は相手の気持ちに寄り添う姿勢を見せ、話を傾聴するようにします。送迎時に家庭訪問をしてみるのも1つの方法です。

親への就業、生活支援で自立を支援する

　就業支援や生活支援などが必要な親には情報を提供します。専門機関と連携し、協同・協働の子育てを行うようにするのです。就業については、母子家庭等就業・自立支援センター事業と連携することで、就業、生活支援と母親の自立とを支援できます。
　また、近年、DV（ドメスティック・バイオレンス）が表面化しています。保護が必要だと思われる場合、親子が共に入所し、支援が受けられる一時保護施設との連携も行います。
　このように、園では、問題を抱える家庭の子どもの生育環境に配慮しながら、親の自尊心を損なうことなく、親自身を成長させるという視点が必要です。園が役割を果たし、すべての子どもの幸せで健やかな育ちを保障できればと思います。

- ☑「子育て支援」と共に、現代は「親育て」が大きな課題であると認識する
- ☑ 保護者の内面を汲み取るための傾聴の姿勢を重視する
- ☑ 専門機関と連携して、支援が必要だと考えられる親には情報提供と支援を行う

知らない土地で子育てをする母親の孤独

事例 引っ越し後、アパートに子どもと引きこもる生活
思い切って、近くの認定こども園の母親交流教室に行くと……

Gさんは、父親の仕事の関係で引っ越してきました。以前は実家が近くにあり、子どもを祖父母に預けてパート勤めをしていました。子育ての相談もできたので、不安はありませんでした。

引っ越してからというもの、Gさんは子どもとアパートで2人きりで過ごす日々が続きました。情緒不安定になり、子どもを怒鳴りつけたり、手をあげたりすることもあったと言います。

ある日、子どもと買い物に出かけた際、認定こども園の"いつでもどなたでも遊びに来てください"という看板が目に入りました。藁をも掴む思いで門をくぐると、園長先生に「ようこそ。ほかにもお母さんが見えていますよ」と声をかけられました。この一言から、週2日の園通いが始まりました。Gさんは、子育て中の母親たちと接するうち、気分が軽くなっていったそうです。

そして、園長先生から「お子さんを園で預かることもできます」と言われ、「もう一度、パートを始めようかな」と考え始めました。

解説 園は子育て環境構築のためのコアセンターとして
孤独感・不安感を抱く親を支え、育てる

子ども・子育て支援新制度と園運営理念

子ども・子育て支援新制度がスタートし、制度の目玉の1つであった認定こども園も、2017年度4月段階で5,081か所にまで増えました。

この制度では、親のニーズに寄り添い、質・量とも十分なサービスの供給を行うことが大前提とされ、「すべての子ども、子育て家庭への支援」が求められています。

ご存知の通り、「保育に欠ける」子ども以外にも利用が可能となったことで、パート就労中、求職活動中、育児休業中、就労の準備期間中など、様々なニーズをもつ親も利用できます。

ですから、園を運営する側は、しっかりとした教育・保育理念のもと、子どもへの切れ目のない保育の保障、親への支援、地域子育て環境構築のためのコアセンターと

しての役割を担っていかなければなりません。

制度の根幹には、すべての子どもに、質の高い教育・保育を提供するという理念があります。これは、事例のように孤独感や不安感をもって子育てをしている親への支援の強化にもつながるのです。

親が育ち、そして保育者も育ち合う環境

重要なのは、子育てに携わることで親自身が育つことです。人は人によって育ち、育てられる関係性のなかで多くのことを経験し、成長していくものです。また、多くの子どもや親と接することで、保育者自身も育つことになります。これらは多くの人が集まる園にこそ期待される役割です。

そこで、子育ち・親育ちに生かせる、園ならではのメリットを整理してみます。
①子どもの育ちを親と共に喜び合える
②生活や発達の連続性を大切にした教育や保育の内容、あり方を学べる
③個と集団の育ちに目を向け、生きる力、社会性、マナーなどが理解でき、育児力、自尊心などが高められる
④多くの人々と協働する子育てのあり方を、実践を通して学べる

さらに、これらのことから、保護者に具体的にどのような効果が生まれるのか紹介します。
①子育ての仲間が集う場が得られる
②気軽に相談できる人が身近にできる
③異年齢の子どもや親と接することで、子育てのやりがいが育つ
④1人ではないという思いから所属感が生まれ、社会の一員である自覚が生まれる
⑤ほかの親の様子を見ることで刺激を受け、頑張る力が育つ
⑥自分が行っている子育てが、子どもの成長・発達にいかに大切か認識できる
⑦計画性をもって、毎日の生活を築くことができる
⑧ストレスや不安、疲労感が解消できる
⑨虐待の防止につながる
⑩育児の負担軽減につながる

具体的な効果をざっと10点ほど挙げてみましたが、これだけ見ても、園が最高の子育て機関であるとわかります。

園には、親の就労形態や所得格差、生まれ育つ地域の取り組みの差などにかかわらず、等しく、子どもの健やかな育ちを担っていく決意が望まれるところです。

解決へのベストアクション

- ☑ 人が集まる場所は、人が育つ場所。多くの子どもや親と接し、保育者自身も育つことができる環境とする
- ☑ 子育ち・親育ちに、園ならではの利点を生かす
- ☑ 親の就労状況や、地域の子育て支援への取り組み状況にかかわらず、等しく、子どもの健やかな育ちを担う決意をする

Column ①

名作童話に秘められている"心育て"のヒントを紹介します。
地域・家庭支援の際、話の種としてお役立てください。

📖 ももたろう

あらすじ
ある日、おばあさんが川へ洗濯に行くと、大きな桃がどんぶらこと流れてきました。おばあさんはその桃を家に持ち帰り、切ってみたところ、桃の中から「ももたろう」が。

ももたろうは、成長して鬼ヶ島へ行き、鬼を退治。そのお供は、「イヌ」「サル」「キジ」でした。鬼をやっつけて、めでたし、めでたし！

違った長所をもつ3者をお供に、「世間」と戦うももたろう
ほめて育てることによって、子どものよさが伸びます

　お馴染みのストーリーです。ももたろうの育児は、おじいさんとおばあさんの2人だけがかかわっています。鬼ヶ島は、戦いや争いの多い「地域」や「世間」を、鬼は、わがまま勝手な「地主」や「お役人」を表していると見られます。いくら強くて賢いももたろうといえども、1人の力でこれらを平定することは難しいのです。

　そこで、「イヌ」のように、一度恩を受けたら決して裏切ることのない者、「サル」のように、知恵に秀でている者、「トリ（キジ）」はいつも高い所からチャンスをうかがい行動することから、状況判断に長けている者、それぞれによさをもつ3者を、"きびだんご"という報酬で雇って戦い、見事に勝利を収めます。

　みんなにすばらしいと称されるももたろうが育った背景には、幼い頃に受けた、愛情あふれるおじいさん、おばあさんからの教育が見えてきます。人はそれぞれに個性（よさ）をもち合わせていますが、ももたろうは、3者それぞれの個性を認めていました。

　私たち大人、特に、教師や子育て支援者と呼ばれる職業に就く者にとっては、向き合う子どもたちのよさを伸ばし、ほめて育てることについて、大変、参考になる教えだと言えます。ちなみに、桃は若い娘のお尻を、川は羊水を表しているとも言われています。

Column ②

📖 金太郎

あらすじ

昔、足柄山の山奥に金太郎が母親と暮らしていました。金太郎は、気はやさしくて力もち。橋がない谷に杉の木を倒して橋をかけてあげるなど、森の動物たちの人気者でした。

ある日、暴れん坊のクマが現れます。金太郎はそのクマと戦って投げ飛ばした後、仲間に入れます。そして、クマにまたがり毎日乗馬の稽古をしました。それを聞きつけた都（みやこ）のお侍に認められ、修行の後、坂田金時という立派なお侍になりました。

幼児期に大自然の中で暮らし、種々の経験を積んだ金太郎 仲間の欠点も受け入れられるのが大人の条件です

日本の風習として、男の子は、"気はやさしくて力もち"になるように育てられてきました。今でも、5月5日の端午の節句の飾りでは、こいのぼりと一緒に、クマにまたがっている金太郎の姿をよく見かけます。金太郎は、昔から男の子の理想像として語り継がれてきました。

金太郎は、森の大自然の中でのびのびと生活し、そこに住むウサギ、サル、シカたちと一緒に遊びます。ここで登場する動物は、接し方次第で、人間と非常に友好的な関係を築ける動物であることを表しています。クマのような暴れん坊でみんなに溶け込めないような者でも、金太郎はその悪い点をよさとして捉え直して仲良くコミュニケーションを取ろうとするのです。

自分に害が及ぶからと排除してしまうのではなく、どんな者とも仲良く暮らすことができるのが、立派な大人になるということだと表しています。トップになる者のリーダーシップとやさしさとによって、みんなが1つになれる社会が築けるということです。

加えて、幼児期から大自然の中でいろいろな体験をすることが、その後、立派に成長し、成功する大人の条件であるという教えにもなっています。

Column ③

かぐや姫

あらすじ

ある日、おじいさんが竹やぶで1本だけ輝いている竹を見つけました。その竹を切ると、中からかわいい女の子が出てきました。

女の子は、おじいさんとおばあさんに慈しまれながら育ち、世の中でいちばん美しく、教養ある娘になりました。

多くの若者がかぐや姫を嫁にほしいと駆けつけますが、月からの使者が迎えに来て、娘は遠くへ行ってしまいました。

昔ながらの子育て方法で、祖父母に育てられたかぐや姫 親元を離れるまでは、たっぷりと愛情を注がれることが重要

だれもがよく知っているストーリーです。おじいさんとおばあさんは、温かい心で、日々、愛情をたっぷり注ぎながら女の子を育てていきます。そして、そのうち女の子は、美しさと高い教養とを兼ね備えた娘へと成長し「かぐや姫」と呼ばれるようになります。

かぐや姫はおじいさんとおばあさんの期待どおりの娘に育ち、多くの立派な若者から「私の妻になってほしい」と望まれるようになりました。家の前は、日夜通ってくる若者たちであふれかえっていました。

このようなすばらしい娘に育ったのは、育てたのが若い父母ではなく、昔からの伝承をしっかりと守りながら子育てをすることができたおじいさん、おばあさん（経験豊かな高齢者）であったから、ということでしょう。

ちなみに、物語に登場する「竹」は若い青年を象徴し、「月からの使者」は女性の月のもの（月経）を表しているものと考えられています。

女の子が成長してやがて大人の娘になると、育ててくれた人や家族の元を離れて、遠いところ（嫁）に行ってしまいます。それまでの期間を、たっぷりと愛情を注いでくれる大人と共に過ごすことがとても大切なのだということが伝わってきます。

第2章

親と子ども、親と保育者、親同士の人間関係における支援

　　かつて日本の家庭や地域には、「子どもが育つ」「子どもを育てる」「親としての力が育つ」という教育機能が備わっていました。今や、対照的に、核家族化・少子化・晩婚化・共働き・貧困問題などが一般化し、社会環境は大きく様変わりしてきています。そのうえ情報化が進み、人々はインターネットでの交流が多くなってきました。その結果、孤立化・社会性の欠如・自己中心的な考え方といった問題点が浮き彫りになってきたように感じます。

　　「人」と「人」とのつながりは「頭」と「頭」でなされるのではなく、知性・感情・感覚すべてが一体となった、直接的・対面的な接触でなければ成立しにくいと思われます。つまり、パターン化された一方的な対応では、情感あふれる交流は難しいものです。

　　支援や援助は一方的になされるものではなく、双方の関係形成にこそ意義を見出せます。

　　この章では、事例を通して、園の保護者と共に育ち合う社会の構築を目指すための方法を探っていきます。

発達が気になる子どもとその親への支援

事例 クラスの新しい活動に入れずパニックになるH君 その様子を見て、母親は園に不信感を抱いているようです

入園当初から、言語の発達に遅れが見られるH君（4歳）。友だちにおもちゃを取られたり押されたりしても、何も言えず、ただ泣いて気持ちを表すだけです。

クラスで新しい活動に取り組む時は、緊張で体を固くし、全身を揺らしながら呼吸することがあります。時には、急に手足をバタバタさせ、パニック状態が起こることも。

担任の先生は、H君の興味のあることに付き合いながら言葉のやりとりをしたり、クラスの友だちとかかわらせたりして、H君が少しずつクラスに馴染めるように応援していますが、H君の母親は、不満を連絡帳に書いてきます。

H君が3歳まで過ごしたのは小規模の保育園で、ベテランの保育者もたくさんいて、情緒が安定していたようです。大規模な幼稚園に移って、親子共に不安になり、自分自身のいらだちや不満を園にぶつけているようです。

解説 障がいのある子どもを抱える親の心は揺れ動くもの 園と保護者の双方で、日々の子どもを理解し合う

親の心理状態を考える

子どもの発達には、一般的に共通した流れがあります。そのうえで、障がいや気質に応じた独自の発達の道筋をもっています。発達障がいへの対応については、多くの研究がなされ、国の取り組みも進められているところです。

なんらかの発達課題や障がいを抱える子どもの親の心理をドロター（Drotar,1975）は、

ショック → 否認 → 悲しみ、怒り → 適応 → 再起

の5段階で示しています。

個人差もあるため一概には言えませんが、最初に受けたショックから時間の経過と共に変化し、子どもの障がいを受け入れ、親としての心構えができ、適応していこうと努力している多くの母親に出会います。

親の抱える課題と支援

国は、障がい児支援において「『気になる』という段階からの支援」という視点を掲げています。

このことは、住み慣れた地域、コミュニケーション豊かな人間関係をもてる地域社会の中で、親と子を支援できる仕組みをつくり上げていこうという方向性を示しています。様々な支援活動が活発に行われつつある今、親が望む支援策を提供できることが望まれているところです。園が保護者、専門機関と関係を密にし、準備を行いたいものです。

共に育て合う子育ての捉え方

幼児期の段階では、障がいを特定しにくく、疑いがあっても、それを受容する過程で、親は気持ちが揺れ動き、不安な状態となります。園では、できるだけ具体的なエピソードで園生活の様子を伝え、また、家庭での子どもの様子を聞きながら、双方で子どもを共通理解することが必要になります。共に育て合う同士としての認識のもと、親の思いに気づいて受け止めて、一緒に考えていく姿勢で接しましょう。

また、子どもは幼児期には、集団の中でたくさんの友だちと息を合わせて取り組む楽しさを味わうことが大切です。

家庭で1人きり、思いのままに過ごしていても社会性は育ちません。少子化の中、きょうだいでのふれ合いやかかわりが少ないからこそ、園での集団生活は大きな意味をもちます。たくさんの人と気持ちのつながりを味わうことの心地よさや、ルールを駆使しながら、遊びを楽しむ挑戦力や達成感は、様々なことにチャレンジしようとする時の自信や勇気につながります。「意欲」と「思いやり」は、集団生活で育っていくものです。担任が取るべき対応は下記のようになります。

①興味を示す集団遊びを何度もくり返し、遊べる場面をつくって誘い入れる
②次の活動へ移行する時、時間に余裕をみて、声をかけて誘う
③友だちが楽しくやっている姿を見せ、やり方を丁寧に示して誘導する
④ダンスなどの時、保育者の仲立ちで友だちと手をつながせたり、手を添え、一緒に踊りに誘ったりする
⑤運動会や発表会などの機会に、最初は応援する側で「ガンバレ」などの発語を促し、興味をもたせて徐々に参加へと導く

解決へのベストアクション
- ☑ 家庭と園がエピソードをもち寄り、子どもの様子を知らせ合って、共通理解する
- ☑ 集団の中でたくさんの友だちと取り組む楽しさを味わわせる
- ☑ 特別支援が必要と考えられる時は、保護者に地域の特別支援機関に打診することを勧める

勤務後も、保護者からメールや電話で相談が

事例　保護者にプライベートの電話番号やメールアドレスを教えてから、時間外の相談に振り回されて……

5歳児の担任の先生は、ある母親に、子どもがクラスで孤立しがちなことをさりげなく伝えたことをきっかけに、毎日のように降園時に相談されるようになりました。

そのうち、相談の時間が長すぎて仕事に支障をきたすようになり、そのことを母親に告げると、「仕事中がご迷惑でしたら、携帯電話で」と言われ、番号を教えたところ、たびたび電話がかかってくるようになりました。次第に電話時間も長くなり、切るタイミングがわからず困るように。

また、別の保護者からも相談したいと言われたので、メールなら大丈夫かとメールアドレスを教えました。何回かメールで対応するうち、クラス全員の保護者から、メールが届くようになりました。

精神的につらくなって同僚に相談したところ、「メールアドレスや電話番号を変えたら」とアドバイスされたのですが、クラスのことにはきちんと対応したいという思いもあり、困っています。

解説　メールや電話よりも、園内の落ち着ける場所で直接話すほうが、保護者の理解は深まります

信頼関係の深まりと共に相談内容は複雑・多様に

最近は、保護者全員が携帯電話やスマートフォンをもっている時代です。入園当初、保護者は子どもの送迎時などのちょっとした時間で保育者と意思疎通を図ろうとしますが、信頼関係が深まってくるにつれて相談内容も多岐に渡るようになり、短い時間での対応では、解決が難しくなっていきます。

そのため、保育終了後に保護者の相談にのるのでしょうが、つい長時間になってしまい、その続きを電話やメールで行うようになるというのはありうることです。

この状況では、保護者が自分の都合のよい時間に電話やメールをしてくる事態に進展しがちです。こうなると担任は、対応でヘトヘトになり、不安定な精神状態になっていくことが容易に想像できます。

ふれ合いの大切さと園の相談体制のあり方

相談やカウンセリングの手法で最も大切な要素は、「人・場所・時間」です。面接者の態度、表情、口調、雰囲気、そして、性格や年齢、服装などは、来談者との関係に大きな影響を及ぼします。

安心し、ゆったりとした静かな雰囲気のなかで、落ち着いて話を聞いてもらうほうが、電話やメールよりも有効な手段であることを保護者によく理解してもらうことが大切でしょう。

そこで、園の相談体制のあり方として、5つのポイントを上げてみました。
① 保護者からの相談は基本的にすべて園の中で受ける
② 担任保育者や相談にあたる担当者は、自宅の住所や電話番号、メールアドレスは知らせない。もし聞かれたら、「規則で、個人の情報は教えられません」と断る
③ 連絡は、常に園を通して行うことを徹底する
④ 相談の経過の中で、自分の技量や能力が及ばない範囲だと気づいたら、施設長に報告し、適切な相談機関を紹介してもらう
⑤ 決して1人で受けない

以上のことを守ることは、保育者や園だけではなく、保護者にとっても非常に大切なことです。

インターネットを利用した情報収集・情報交換のあり方

インターネットなどで簡単に子育て情報が得られるようになり、保護者は、情報入手ツールとしてインターネットを積極的に活用しています。

同時に、保育現場でのインターネットでの情報発信も増えています。例としては、園のホームページがあります。

園の案内に加え、子どもたちの生活の様子、地域との連携の様子、小学校との連携の様子、特別保育の内容などを写真と共に掲載するのもよいと思います。

しかし、ここではセキュリティやプライバシーの問題が発生してくるので、責任をもって情報を管理することが求められます。それらを踏まえて、情報交換のあり方や、コミュニケーション方法についても考えていかなければなりません。

保育者は、講習会などに積極的に参加するなどしてパソコンを活用できるようになるのと同時に、これまでと同様に、人と人とが直接ふれ合う温かいコミュニケーションのあり方も身につけていかなければならないと思います。

解決へのベストアクション
- ☑ 相談で大切なのは「人・場所・時間」であると保護者にも伝える
- ☑ 保護者からの相談は、個人ではなく園への相談と考え、決して1人で受けない
- ☑ 保育者は保護者に自宅の住所や電話番号、メールアドレスを伝えない
- ☑ 園のホームページを含めた、新しい形の情報交換やコミュニケーションの方法を模索する

母親からの虐待が疑われる園児

事例　園での言動が気になる子を、特別支援学校の先生に観察してもらうと、虐待の可能性を指摘され……

　最近入園したI君（4歳）は、保育中、少しもじっとしていることができず、部屋をうろうろしたり、突然、友だちを突き飛ばしたりします。担任が近づこうとすると、泣いて逃げ回ります。落ち着いていたクラスが、I君の影響で次第にざわざわし始め、今では、全員が不安定になってきたように感じます。

　I君のお母さんに園での様子を話すと、家では全くそのようなことはなく、静かにテレビを見たり、絵本を見たりしているとのこと。しかし、許可を取り、特別支援学校の先生に園でのI君の様子を観察してもらいました。その時に、夕方の母親のお迎えに応じず、帰りたがらないことを話したところ、「もしかして母親による虐待があるかもしれない」という指摘がありました。

　それを聞いてすぐに、近隣の児童委員に家庭の見守りを依頼したところ、「夜間や早朝に、自宅から母親の大きな怒鳴り声が聞こえる」という報告がありました。

解説　保護者の言動と子どもの様子をよく観察し、ケースによっては市町村の担当者や児童相談所に通告します

子どもの人権と福祉

　親に愛され、慈しみを受けながら育つのが、従来の子どもの姿ですが、近年、親や養育者が、子どもに危害を加える児童虐待が増加してきています。原因は、子どもの発達に対する親の無理解や、親の未熟さ、育児不安やストレス、精神的状態の不安定さが考えられます。

　「虐待が行われている恐れ」がある場合、発見した人には通告義務があります。乳幼児は、自分で自分の権利を主張することができません。社会的に弱い立場にある人がその権利を侵された場合には、本人に代わって権利の回復のために、必要な支援を行うことが求められています。

保育者がチェックすべき保護者の言動

　まず、保育者が普段気にかけるべき保護者の様子（言動）について特徴的なものを紹介します。

①子どもの扱いがハラハラするほど乱暴である
②子どもとのかかわりが乏しかったり、冷たい態度をとったりする
③子どもが自分の思い通りにならないとすぐに叩いたり、蹴ったりする
④感情的になったり、イライラしてよく怒る
⑤子どもの能力以上のことを無理やり教えよう（させよう）とする
⑥きょうだいと著しく差別したり、他の子どもと比較ばかりしている
⑦無断で園を欠席させることが多い
⑧長期病欠しているが、医療機関を受診させていない
⑨子どもの園での生活に無関心
⑩職員との面談を拒む
⑪夫婦関係や経済状態が悪く、生活上のストレスを抱えている
⑫保護者にも暴力を受けた傷がある

　これらは、要注意のサインです。一方、より緊急性が高いと考えられる場合もあります。それは以下の通りです。
①子ども自身、あるいは保護者が保護や救済を求めていて、訴える内容が切迫している
②確認には至らないものの、性的虐待が強く疑われる
③頭部や顔面、腹部にあざや傷が見られる
④慢性的にあざや火傷（タバコや線香、熱湯などによるもの）が見られる
⑤子どもにとって必要な医療処置を取らない（必要な薬を与えない、大きなけがや重病の放置など）
⑥子どもにすでに重大な結果が生じている（性的虐待、致死的な外傷、栄養失調、衰弱、医療放棄など）

　これらの状態が見られる場合は、緊急性が高いと判断するべきです。ただちに通告する必要があります。

園の心構えと具体的な対応

　最後に、園が取るべき対応をまとめます。
　まずは、園のみんなで考えることです。積極的に同僚や管理職、市町村、児童相談所や各機関などに相談し、虐待が疑われる場合は、連絡（通告）します。園には守秘義務と通告義務の双方があります。組織として守秘義務の壁があり通告できない場合は、園長先生が個人的に、市町村の担当者や児童相談所に相談することも可能です。
　普段の心構えから、具体的な対応方法まで、園全体で共有しておきたいものです。

- 専門機関に相談しつつ、園全体で対処を考える
- 「虐待かどうか」は子どもの立場で判断。その際、「あの人がそんなことをするはずがない」という固定観念は捨てる
- 保護者の言動や子どもの様子をよく観察し、緊急性が高いと判断される場合は、すぐに通告する

Chapter 2-4 子どもから離れることができない母親

事例　入園したばかりのわが子の様子が気になって母親が、園の外から子どもの様子を見守り続ける

　4月の幼稚園の3歳児クラスは、泣く子、わめく子、うろうろする子、暴れる子、すみでじっとしている子といろいろです。この時期はクラス担任だけではとても対応できないので、手の空いた先生にもクラスに入ってもらいます。

　Jちゃんは、入園式の日に泣いて親から離れられない子でした。母親はJちゃんのことが心配で仕方なく、毎日のように、登園後、園の外でJちゃんの様子をうかがっています。「園に親しい人はいないし、担任の先生も若くて不安です。とてもこの子を預けて帰れません」と、涙声でずっと立ち尽くしているありさまです。Jちゃんも、母親の姿を見つけては、「ママー、ママー」と泣きます。

　それにつられて、ほかの子どもも「ママー」と大合唱。おもちゃを渡しても、絵本を読んでも、いっこうに興味を示しません。Jちゃんの母親に影響されて、ほかにも5人ほどの保護者が、わが子の見える場所に立ち尽くしている状態です。親の姿が見えなくなると、子どもたちは意外と泣き止むものなのですが……。

解説　入園前に、親子が園の環境に馴染めるような機会をつくり保護者と話せる信頼関係を築いておく

「初めて……」は1度だけ

　初めての場所、初めての体験、初めての人との出会い……。「初めて」は不安がいっぱいです。不安がいっぱいの4月、そこに「笑顔とやさしさ」にあふれた人がいれば、親も子も「ホッ！」とするものです。保育者は、「微笑みとおもてなしの心」で入園時は親子を迎えましょう。

信頼されるために全職員が心を1つにする

　昨今、保育臨床は、なんといっても人材がすべてと言える状況です。

　担任はもとより、園長先生はじめ、園にかかわるすべての職員には、すべての保護者と一人ひとりの子どもそれぞれの健やかな育ちを支援していくという役割をしっかり果たすことが求められ、全職員の心が一

枚岩となって対応していくことが重要となります。同じ園の理念、方針、目標をもつもの同士、答えがまちまちでは保護者の不安をあおることになります。

どの保育者も、よいことには共鳴し、その思いに共感する姿があれば園への信頼は高まります。忙しい日々ではありますが、主任を中心に、新学期の子どもや保護者への対応についてしっかりと園内研修をしていきましょう。園内研修を通してコミュニケーション力が培われ、職員間のよい関係を築くことができます。

そのために、例えば職員のロッカー室に大きな鏡を置き、さわやかな笑顔と清潔な身だしなみ、信頼を得られる凜とした態度であるかを映し出し、「今日もよし!」と気合を入れて、保育を開始しましょう。ドキドキオロオロしているのは、保護者よりも、むしろ保育者のほうかもしれません。

保護者の不安に寄り添う姿勢の大切さ

保育者には家庭支援という役割が求められています。すべてが新しい環境の4月など、保護者も子どもも不安でいっぱいです。

まずは、保護者の気持ちに寄り添い、思い(言葉)を「よく聴く(聞く)」ことです。即答する必要はありません。保護者の思い(言葉)の裏にある気持ちに気づき、共鳴、共感することが大切です。

そして、園における子どもの小さな情報(様子や状態)を細かく、丁寧に伝える約束をしましょう。そのことが、保護者の不安をやわらげ、信頼につながります。

入園前に園に慣れる機会づくりを

来春に入園予定の親子には、前年の秋くらいから園に遊びに来てもらい、保育者や園に慣れてもらうようにするとよいでしょう。入園面接の時の情報だけでは足りません。遊びに来た折にふれ、保護者の育児に対する思いや、園に対して聞いておきたいことなど話せる場をもつようにします。

転勤などの理由で遠距離にいる保護者へは、電話やメールで、園が受け入れを心待ちにしていることを伝えるとよいでしょう。

また、日本語が通じない外国の方も増えてきていますが、子育ての悩みは世界共通です。

ただ、話すのが苦手な保護者もいるので、最初からあまり詳しく聞きすぎないようにするなど心がけましょう。

**解決への
ベスト
アクション**

- ☑ 職員全員で、すべての保護者と一人ひとりの子どもの育ちを支援する
- ☑ 保護者の話をよく聞いて、言葉の裏にある気持ちに気づき、寄り添う
- ☑ 保護者と子どもが園に慣れることができるように、入園前に園に遊びに来られる機会をつくる

Chapter 2-⑤ 園へのクレームをくり返すトラブルメーカーの母親

事例 トラブルメーカーの母親の発言で、「先生には保育を任せられない！」とクラス懇談会が騒然となり……

Kちゃん（4歳）の母親は、入園時から言動が気になる人でした。クラスの気に入らない親の悪口をメールしたり、子どもの送迎時に20〜30分ほど、園の様子をうかがいながら何かメモをとる姿を見かけたこともあります。ある時は、Kちゃんが園にもってきたメモ用紙を友だちが取ったと言い、「親のしつけが悪い」と担任や仲のよい母親に言って回るなど、何かと園のトラブルメーカーなのです。

先日、クラス懇談会でのこと。Kちゃんの母親は、「うちの子が水着に着替えるのをじっと見る男子がいる」「女子トイレをのぞく」「女の子の大事なところを蹴った」と興奮状態で話し出し、その場は騒然となりました。ほかの保護者から、「先生は見ていなかったのか」「それはだれか。名前を教えてくれないのは、その子をひいきしているからではないか」などの声が上がりました。挙句の果てに、「先生には任せられない！」と言い出し、その会は担任抜きで進められました。その後、保護者代表が園長に報告し、全職員の会議が開かれましたが、クラスはなかなか落ち着きません。

解説 保護者への思い込みを1度リセットし園全体で、冷静な態度でじっくりと母親に向き合う

保護者のクレームは増加傾向

素行が気になる人や、わがまま、クレームを園に言ってくる保護者は、年々増加傾向にあると感じます。

私は仕事柄、多くの園長先生に会いますが、子どもの保育よりも、保護者の対応が難しくなってきているという話をよくうかがいます。園は、経営的な理由もあり、保護者の支持を集めることが大事なので、できるだけ保護者の機嫌を損なわないよう気をつかいます。悪評を流されないよう保護者の言葉に振り回されながらも、言いたいことも言えない状況であることがうかがえ、気の毒にさえ感じます。

保護者や子どもに良質な保育サービスを提供しようとする園に対し、保護者の多くには"自分たちは園にとってお客さまである"という思い違いも見えてきます。クレーマー

保護者の増加の一因には、園が保護者に対して萎縮してしまっている背景もあるのではないかと思えてなりません。

職員全員で同じ対応ができるように

今回の事例について、対応のポイントを考えます。

まず、じっくりとその母親の気持ちを聞きます。その場合、担任だけではなく、他の先生や園長先生も聞くようにします。相手の要求を聞くのですから、感情的にならず、冷静な態度で臨む必要があります。

次に、トラブルメーカーの母親に対する保育者の思い込みを1度リセットします。どんな親であれ、子どものことを思う中で、園への不満を多少なりとももっているものです。今回の事例では、Kちゃんの母親の話をよく聞くと、本人が家庭内での悩みをもっていること、また、以前に子育て中の友人に仲間外れにされた経験から、グループの中心になれるよう努力している節も感じられました。

そして、Kちゃんの母親をどう思っているのか、またどのような対応をするとよいかを保育者で話し合い、質問を受けた際にすべての保育者が同じ対応ができるよう連携します。

最後に、保育者が相談しやすい雰囲気でいること、また、「話してくださってありがとうございます」「ご安心できるよう、早速対応させていただきます」と要求や苦情を言いやすい環境をつくることも重要です。「言ってもムダ」と思われることのないように気をつけましょう。

話がはずむ職場づくりを

また、園では、保護者からの要求やクレームの内容ごとに、対応できる範囲と着地点をしっかりもつことが必要です。園経営や子どもの育ちにプラスになる意見には、現状のスタッフで対応可能な範囲を探りましょう。

経験の浅い職員やベテラン職員、調理師、看護師、バスの運転手など、園には様々な立場、年齢層の人が集まっていますし、それぞれに意見や考え方は違います。普段から、様々な立場の職員と学び合える環境や話しやすい雰囲気をつくっておくとよいでしょう。お互いに助け合いながらつながりを深めることで、多くの難題を乗り越える力が生まれます。

解決への
ベスト
アクション

- ☑ 園は、保護者に対して必要以上に萎縮しない
- ☑ 保護者の要求やクレームに対して、対応できる範囲と着地点を決めておく
- ☑ すべての職員が状況を共有し、同じ対応ができるように連携する

Chapter 2-6 子どもに厳しい発言や禁止の言葉をくり返す母親

事例 「早くしなさい」「汚しちゃダメ」が口癖の母親 ついに子どもが園での外遊びを嫌がるように

今日もL君（3歳）は、お迎えに来た母親から「また洋服を汚して。どうして汚れるような遊びをするの！」「ぐずぐずしないで。早く準備しないと、連れて帰らないよ！」と叱られています。毎日のように、「早くしなさい」「靴をちゃんと履きなさい」「洋服の着方がだらしない」とダメ出しをされている姿は、見ていてかわいそうなくらいです。

また、L君の母親の指摘は、保育者にも向けられます。「服が汚れる遊びは止めてください」「戦いごっこはけがにつながるのでさせないでください」と言われたり、時には、「早く支度ができるように、しつけをしっかりしてください」などと、無理な要求をされたりします。

しかしL君は、園生活では普通になんでもこなしていて、手がかかることはないのです。ただ、母親の前だと萎縮してしまうのか、思うようにできません。

最近L君は、外遊びになると、「お母さんに叱られる」と泣いて嫌がることがあります。

解説 遊びを通しての、子どもの"育ちの道筋"の意味と母親にほめられる体験が大切であることを伝える

不安定な心理状態で欲求不満の母親が増えている

最近の母親の中には、子どもを見る時、いつも眉間にしわを寄せている人がいます。忙しさや自身の心の不安定さ、欲求不満など、ストレスを多く抱えていることが原因ではないかと思われます。なかには、偏食や睡眠不足といった方も見られます。親が心に余裕がない状態でいると、子どもに対してのやさしさが湧いてきませんし、むしろ、思い通りにならないことで、イライラした状態が続きます。

母親が落ち着いている時に遊びの意味を説明する

こういった母親は、心に余裕がなく、「子育てが楽しくない」と思っている可能性があります。母親の心が少しでも落ち着いている時に、主任や園長先生が、園でなぜ子

どもたちに砂遊びや水遊び、泥遊びをさせるのか、また、戦いごっこにはどんな意味があるのかなどをわかりやすく話すと共に、子どもの心や体の育ちにとって大切なことであると伝えましょう。

　母親に説明する際のポイントをまとめて紹介します。

1 砂遊び、水遊び、泥遊び
①砂や泥にふれることによって、子どもの心が開放される
②手や足を使い、五感を通して感覚を研ぎ澄ますことができる
③水を適度に混ぜてつくる泥だんごや乾いた砂のサラッとした手触りなど、掌の感触は、脳への好ましい刺激になる
④砂、水、泥は、思い通りに形を変えられる素材。それらを使って思いきり遊ぶことで、工夫する力や創造力が育つ
⑤汚れることを気にせずにのびのびと遊ぶことを通して、何事にも意欲をもち、積極的に取り組む力が育つ
⑥幼児期に友だちとかかわりながら遊ぶと、よりよい人間関係が育つ

2 戦いごっこ
①幼児期はヒーローにあこがれる年齢。変身して強くなった自分をイメージすることがうれしい時期である
②戦いごっこは、自分の存在をはっきり相手に示す意味がある
③同じ思いを共有した友だちとふれ合うことで、社会性が育つ
④戦いごっこをすることは、順当に育っていることのあかしである

母親の気持ちに寄り添いつつ"協働する子育て"を

　L君の母親には、子どもの言動を否定ばかりしていると意欲のない子どもに育つこと、また、せかされることが多いと、子どもの自立が遅れ、自信をもって取り組む姿勢が育たないことなどを伝えましょう。そして、「私たちと一緒にお子さんをしっかりと育てていきましょう」と、園が保護者と協働して子育てする姿勢を伝えるとよいでしょう。

　「お母さん、いつも頑張っていますね」と母親に共感しながら、子どもの成長の中にある"育ちの道筋"を示し、子どもは母親からほめられたり、抱きしめられたりすることで豊かな人間に育っていくことを話して、子どもの育ちに寄り添っていくことを伝えましょう。

- ☑ 母親の心が落ち着いている時に、子どもの心や体の育ちに遊びが必要な理由を説明する
- ☑ 「いつも頑張っていますね」と、母親の気持ちに寄り添う
- ☑ 「園と一緒に子どもの育ちを考えましょう」と協働の姿勢を示す

連日の習い事など子育て完璧主義の母親

事例 時間通りの規則正しすぎる生活に、びっしりと詰まった習い事 子どもは園で疲れた様子を見せていますが……

M君（5歳）の母親は、何事も自分の思い描く通りにしないと気がすまないタイプです。登園は8時30分、お迎えはきっちり15時です。夕食、お風呂、就寝など家庭での生活時間もきちんと決まっていて、遅れるとイライラするようです。

M君は習い事も、毎日びっしりと入っています。月曜＝算数＆文字教室、火曜＝水泳、水曜＝クラシックバレエ、木曜＝ピアノ、金曜＝英語、土曜＝バイオリンといった具合です。

「毎日の生活の時間や曜日ごとの予定をきちんと決めておられるようですが、お子さんの負担になっていませんか？」と尋ねると、「小学校でいじめや不登校の原因になるのは、人並みにできないことがあるからだと思うので、今から準備しているのです」との返答です。

M君はクラシックバレエとバイオリンの習い事が苦手なようで、園の帰り時間になると「ふぅー」と大きなため息をつき、「毎日、大変だよ」と言っています。

解説 親主導で行われる時間管理や習い事は、幼児期に育てるべき重要な力の育ちを阻害することも

幼少期に多くのことを経験させたい……

引きこもりやいじめ、不登校が増加傾向にあるとマスメディアで報道されるたび、子育て中の親は不安になります。高学歴の母親の多くが、すべての事柄を難なくこなしてきた生育歴をもち、多くの習い事などを経験しているからか、わが子には、幼少期に自分がやったことにプラスして、もう少し頑張っておいたほうがよかったと思うことを経験させようとする姿が見られます。その一方で「幼児期はのびのび過ごさせたい。私が大変だったから……」という真逆の方もいます。

乳幼児期の子どもの時間についての考え方

昨今、登園時間に遅刻してくる、お迎えが遅いという保護者が増えて困るということをよく耳にします。今回の事例のように、生活の時間を決めてきちんと実行できるこ

とはもちろんよいことですが、時に子どもの側に立ち、子どもの調子に合わせて少しゆとりをもって行動してみるのもよいのではないかと話してみましょう。

子どもが時間を気にしすぎると、遊び込めなくなる場合があります。子どもが興味・関心を示している時には、子どもの気持ちに寄り添ってほしいことなどを、話せる時間や場所を設けて、保護者に理解してもらうことが大切です。

習い事のデメリットについても発信していく

習い事に毎日通わせることや、子どもの興味・関心に関係なく習い事を強要する姿には疑問をもちます。

学ぶ姿勢は、強要して身につくものではなく、自らやりたいと意欲がわくことで初めて身につくものです。例えば、子どもに疲れている様子が見られたり、園での活動の際にも時間を気にしていたり、できないことを「ママに言わないでほしい」と言ったりするなど、園生活で不安そうな姿が見られる場合もあります。気になることは、お迎え時や参観日に伝えましょう。

もし、園全体に習い事ブームが起きているようなら、子育て講演会等で保護者全員に伝える方法も考えられます。

園生活の中で学びを伝えていく

最近では、ゆとり教育の弊害が言われ、小・中学校で土曜授業を行うエリアも出てきました。保護者の中に、事例のような姿が見られるのも不思議ではありません。

しかし、幼児教育の充実も年々図られてきています。園では、子どもたちが「楽しく学び、学ぶことが楽しい」と感じる環境づくりと、多くの体験の中で小学校へとスムーズにつながる教育システムの構築を図っていることを理解してもらいましょう。園は子育ての専門機関であることを理解してもらい、子どもへの適切な対応とはどういうものかを問えば、説得力も増します。これは、保護者の自尊心を高めることにもつながるのではないでしょうか。

子どもには、多くのことに興味・関心を抱き、自ら課題に取り組む意欲と挑戦力をもち、たくましく生活していく力を身につけてほしいと願ってやみません。親の身勝手で、伸び行く芽を摘んでしまうことだけは避けたいものです。

解決へのベストアクション

- ☑ 子どもが時間を気にしすぎると遊び込めなくなること、学ぶ姿勢は本人の意欲で身につくことを伝える
- ☑ 園全体に習い事ブームがある場合、講演会などを設定して全保護者に向けて発信する
- ☑ 園は子育ての専門機関であることを理解してもらう

Column ④

名作童話に秘められている"心育て"のヒントを紹介します。
地域・家庭支援の際、話の種としてお役立てください。

浦島太郎

あらすじ

昔、漁師の浦島太郎が、浜辺で子どもたちにいじめられていた亀を、お金を払って助けてあげました。

ある日、浦島太郎が釣りをしていると、助けた亀が現れ、お礼として竜宮城へ連れて行ってくれました。竜宮城では、えもいわれぬ楽しい毎日でしたが、ふと、ふるさとが恋しくなり、浦島太郎は竜宮城をあとにします。

ふるさとに戻ったものの、そこに父母の姿はなく、変わり果てた景色が。浦島太郎が、竜宮城でもらった「玉手箱」を思わず開けてしまうと、たちまち、おじいさんに。竜宮城の3年間は、この世の数百年にあたったのでした。

楽しいだけの毎日には、むなしさがつきものです
ふるさとの野山や人々との思い出こそが、人の胸を熱くします

『風土記』『日本書紀』『万葉集』に出てくるお話です。

まず、浦島太郎は、浜辺で子どもたちにいじめられていた亀を、お金を払って助けてあげます。これは、世の中の交渉事は、「金」でうまくいくということを表しています。

そして、竜宮城。これはあこがれの理想郷です。昔の人は、「空のかなた」や「海の底」には、すばらしい世界が広がっていると考えていたようです。

仕事もしないで、毎日、歌を聴き、踊りを見ながら、きれいな乙姫様と酒やごちそうを食べてばかりの毎日。えもいわれぬ夢のような暮らし……。

しかし、人間とは、たとえ毎日が楽しく、ストレスのない生活をしていても、むなしさを感じるものです。そんな時、ふるさとの野山、父母、友だち、近所の人々とふれ合った思い出こそが、胸を熱くさせるのです。

人は、物をもっていたり、お金を使ったりするだけでは、幸福感を味わえないのです。人間のいちばんの幸福、それは、人とのふれ合い、温かな絆づくりにあります。

現代のように、ゲーム機やスマートフォンばかり使用して人とふれ合う煩わしさを避け、「その日の楽しさ」だけを求めているようでは、本当の幸福はつかめません。

第3章

生活を営む環境や場における支援

ここ数十年の間に子どもを取り巻く環境は大きく様変わりしてきました。なかでも人と人とのつながりは希薄化しました。家族の絆・祖父母からの伝承的育児・近隣の人々との温かい関係づくりなどの消失には、憂うべきものがあります。

この状況は、子育て中の母親に困難と不安感を生み出し、本来なら楽しいはずの子育てが苦痛の種となってきています。

今求められているのは、「子どもが育ちにくい」「子どもを育てにくい」社会の変様を理解し、早急に「子育て・子育ち」のやりやすいネットワークをつくり出していくことではないでしょうか。

園を、子育て、子育ち、親育ちのセンターとし、親・地域の人々・関係機関が、共に手を取り合い・支え合い・分かち合い・つながり合って育てていく、「共育」と「協育」の流れを創り出していけたらと思っています。

本章は、事例を通し、随所に理想像も含みながら論じています。

仕事と子育てのバランスに悩む親

事例　子どもの看病と、職場の休めない空気の間で板ばさみ　それでも働くのは母親失格！？

　N君（4歳）の母親は、大学卒業後同じ会社に長く勤務していて、結婚・出産が遅めでした。仕事ではある課の主任を任され、充実感と満足感をもって働いているようです。

　しかし、N君が熱を出して保育園から呼び出しを受けることが多く、仕事を休まなければならないことがたびたびあります。職場の同僚の目が気になるうえ、主任という立場上、そう頻繁に休むこともできずにいるようです。

　一方で、自分自身の仕事が予定通りに進まないことに不安を抱くことも。N君を病院に連れて行き、自宅で子どもと向き合っているとイライラしてきて、自分の気持ちをコントロールできなくなる時があるようです。病気の子どもを残して仕事をしなければならない、また、しようとしている自分は、母親として失格なのではないかと、仕事と子育てのバランスに悩んでいるようです。

 解説　病児・病後児保育施設を紹介すると共に地域資源を生かした新しい子育て支援の形を模索する

「ワーク・ライフ・バランス」と専門機関の保育

　現在、保護者の就労、核家族化、生活の便利さの追求などが、子どもの家庭環境に大きな影響を与えています。また、親が養育するという概念が薄らぎ、子育て家庭を社会全体で支援するという視点で捉えるようになってきています。

　加えて「ワーク・ライフ・バランス」が、ごく当たり前になりました。親の仕事の都合で延長保育、一時預かり保育、休日保育などが利用できるという、働きながら安心して子育てができる保育サービスの充実が必要となっています。

　実際私のところに寄せられる相談も、この事例のようなものが多いのが現状です。母親の、「自分は働きたい」一方で、「子どもともしっかりかかわりたい」という願いが伝わってきます。

子育て支援は子どもを中心にした視点で

ブータンのワンチュク国王はかつて、「自国は、経済的裕福が望めないので、国民の幸福度指数の向上を目指している」とインタビューで述べられていました。

人間は心のもちよう1つで、幸福になったり、不幸感を抱いたりします。子育て環境も子どもにとっての最善の利益（幸福）が何であるのか、常に子どもを中心において考えることが、これからの子育て支援に求められる、もっとも大切なことです。

「仕事を休みたいけれど、休めない」という保護者のための支援としては、病児・病後児保育施設が設けられています。小児科病院などの一室に設けられている病児保育もありますが、看護師が常駐し、病児・病後児保育が可能になっている園も増えてきました。ある園では保護者会が立ち上がり、園の委託医がクリニックの2階で病児を預かるようになりました。その運営費は、父母会費やバザーの手作り品の売上や廃品回収で賄っているようです。園だけで考えるのではなく、保護者や地域と連携して、最善の方法を考えてみましょう。

福祉サービスを提供する専門職としての研さんを

女性の就業率が増加すると共に家庭支援の必要性が増しています。園や保育者は、倫理性や責務をより一層自覚し、「保護者との協力」「プライバシーの保護」「チームワークと自己評価」など、研修や自己研さんを通して、常に自らの人間性と専門性の向上に努めることが重要です。

子育て支援ネットワーク形成の視点

地域は個々の家庭を育みつつ、子どもの社会化を図ることが望まれる。

〈地域・コミュニティ〉
●社会資源とつなぐ家庭支援
①問題の軽減や緩和
②対処能力の体得と自立
③コミュニティワーク力の育成

解決へのベストアクション

- ☑ 地域にある病児・病後児保育の施設を案内する
- ☑ 子育て支援ネットワーク構築を視野に、地域の資源を生かした支援を考える
- ☑ 「ワーク・ライフ・バランス」の普及と共に家庭支援の必要性は増していくので、専門職としての専門性を磨くための研修や自己研さんに励む

短時間の預かりばかりで園環境に馴染めない子ども

事例　母親が育児に疲れてしまい、一時預かり保育中のOちゃん落ち着きがなく、目を離すことができません

Oちゃん（3歳）の母親は下の子（6か月）の世話と一緒にOちゃんの養育を行うことに疲れ、園にOちゃんの一時的な預かり保育を希望してきました。

Oちゃんは、園では室内をぐるぐると歩き回ったり、職員室の引き出しを所かまわず開けたり、ソファの上でピョンピョン跳びはねたりして、とにかく落ちつきがありません。3歳児の保育室でほかの園児と一緒に保育をしようと試みましたが、外遊びをしようとすると、はだしで走り回り、砂場で遊んでいる友だちを突き飛ばしたり砂をかけたりして、他児とかかわらせるのも危険な状態です。そこで、保育者1人がつきっきりで担当することになりました。

また、Oちゃんは短時間の預かり保育の利用が多く、園環境になかなか馴染めないようです。1時間おきに母親を思い出し大声で泣いたりします。Oちゃんの寂しい気持ちに寄り添い、園では甘えさせてあげたほうがよいとは思いますが、職員配置や他児への影響を考えると対応に悩みます。

解説　集団保育に慣れるまで、別室を設けて専門性の高い保育者が1対1で対応する

子どもを取り巻く環境の変化と子育て支援の役割

女性の就労率アップに並行して、「ワーク・ライフ・バランス」を求める声が高まっています。また、第2子出産時の産後疲れ、育児ノイローゼなどにより、子どもの養育を家庭以外に委ねたいと考える保護者も増えてきました。

このような現状を受け、地域による子育て支援システムの構築や、園における一時預かり保育や延長保育という保護者ニーズに応えた保育形態が普及しています。

一方、乳幼児期は生涯にわたる人間形成の基礎を培う極めて重要な時期であり、長時間にわたる保護者以外の者による育児や家庭外の場での育児は、子どもにとっての最善の利益と言えないのではないかという声もあります。養育環境の整備や向上策は、"保育サービス"という一言ではくくり得な

い課題だと言えるでしょう。

　そんな中、子どもの健康・安全の確保、情緒の安定、生命の保持は、子どもを保育するうえで必須要件であることは当然のことです。発達過程（年齢、発育や発達の状態）の十分な理解と個々人の特性の把握、健康管理、感染症などの疾病への対応、衛生管理など、その任に当たる人の人間的資質も含めて、責任ある心情と態度で臨まなければなりません。

　園は、本来の業務に支障のない範囲において、社会的役割（親の養育力向上の視点においても）を十分に自覚し、他の関係機関と連携しながら、園の機能や特性を生かした支援を行う必要があります。

1対1のかかわりと保護者の養育を支える

　この事例のように、集団の保育が困難な場合は、専用の部屋を設け、専門性の高い保育者が1対1で対応する必要があります。

　また園は、子どもを一時的に預かるばかりでなく、家庭での養育を支えたり、親の育児能力を引き出したり、養ったりすることも求められています。

　Oちゃんの様子を見ると、家庭での生活が困難なこともうかがえます。できるだけ母親の意向を聞き、家庭と協力しながら、発達支援も併せて行わなければならないでしょう。その場合は自園だけで悩まずに、先進的な経験のある園や専門機関から学び、支援を行っていきましょう。

保護者の養育力の向上のために

　一時預かり保育や延長保育における集団構成は、通常の集団構成と異なることに配慮し、一人ひとりの子どもの心身の状態などを考慮して保育すると共に、必要に応じて通常の保育とも関連させるなど柔軟に行うことが求められています。また、保育中のけがや事故について責任を明確にしておくことが大切です。

　保護者には、個々の思いや意向、要望、悩みや不安などを聞き、培ってきた保育者の専門知識や技術を生かして家庭支援を行います。そのためには、保育者には、ソーシャルワークやカウンセリング等の知識や技術の習得が必要であることは言うまでもありません。なお、家庭支援の主旨は、あくまでも保護者の養育力の向上に寄与することであると、留意する必要があります。

解決への
ベスト
アクション

- ☑ 子どもを取り巻く環境の変化を受け、地域の子育て支援システムの構築や、園の一時預かり保育・延長保育への対応を進める
- ☑ 集団保育が困難な場合は、専用の部屋で保育者が1対1でかかわる
- ☑ 子どもの預かりだけではなく、家庭の養育力アップのための支援も行う
- ☑ 特別な支援が必要とされる場合は、専門機関の力も借りる

3-③ 言葉と文化の違いに悩む外国人の親子

事例　日本語が全く話せないP君が入園してきました
だれともかかわらず、1日中保育室の隅に1人でいます

南アジア出身の母親は、たどたどしさはあるけれど、なんとか日本語を話せますが、P君（4歳）は全く話せません。母親は、園に通うことで、友だちもできて言葉の壁が取り除けるのではないかと考えていたようですが、P君は保育室の片隅で1日中だれともかかわらずじっとしている状態でした。母親にそのことを話すと、「やっぱり日本に来なければよかった」と後悔している様子も見られます。日本人の父親は、仕事の関係で、ほとんど育児にかかわれないようです。

全職員で毎日カンファレンスを行い、P君が早くクラスに馴染めるようにいろいろ案を練り、対応しています。

家庭では赤ちゃん返りしているようで、母親にべったりとくっついて泣くことが多く、夜中も抱っこやおんぶが必要なようです。母親の疲れは日に日に増し、ストレスは目に余るものがあります。なんとかこの親子に寄りそって、1日も早く安心感と信頼感をもたせてあげたいと考えています。

解説　日本の習慣がすべての国に当てはまるとは限らない
保育者が国際感覚を学ぶ機会とする

生活習慣や言葉の違う子どもが増えている

最近は世界各国から日本へ移住する人が増えてきました。保育の場でも文化や生活習慣、子育ての考え方が違う様々な国籍の子どもが増えています。一方で、日本の保育者養成機関の多くは、日本人だけを対象にした保育技術・保育形態の講義をするところが多く、現場の国際化に戸惑いを感じる保育者も多いのではないでしょうか。

諸外国では、多民族、多国籍を考慮した、数か国語での保育実習や実践が見られます。以前私が訪れたシンガポールでは、園で使用される言語は、各在園児の母国語であり、教材、教具は数か国語で示されていました。

外国籍の子どもを預かるうえで壁となるのは、やはり「言葉」でしょう。身振り手振りである程度通じたとしても、大切なとこ

ろが思うように伝わらないと、保護者との「協働の養育」がうまく進まないことがあります。日本語がよくわかる人を仲立ちにするなどして、疑問点や伝えたいこと、契約内容などを整理し、最初に意思の疎通をしっかりと図れるようにしておきましょう。

日本の習慣がすべての国にあてはまるとは限らないということをしっかりと認識し、保育理念や保育方針、保育内容、方法、生活環境など、保育現場の注意事項はしっかりと伝え合うように努力しましょう。

P君にわかる言葉でかかわりを

家庭での赤ちゃん返りは、P君の不安な状態から見て、むしろ自然な姿です。

保育者と意思の疎通が図れないのは、P君にとって大きな不安となります。家庭で話す言葉や生活の中で気をつけなければならないことを母親に聞き、P君が理解できる言葉かけをする必要があります。

「こんにちは」「ありがとう」「すてき」「よくできました」「さようなら」などのほか、リズム遊び、運動遊び、手遊び、歌遊びなどで日本語と外国語を交えたものや、言葉がなくても遊べるものを保育に取り入れていく必要があります。逆にP君の国の言葉にふれるよい機会と捉え、P君の母国語での言葉遊びをしてもよいと思います。

母親にはエールを
異文化の育児法を学び合う

この事例では、母親も不安やストレスを感じている可能性があり、それがP君の不安を助長しているかもしれません。

国によって子育て観や子育て方法は異なります。「園では、このようにP君に対応しますので、お母さんもご理解ください」という言葉はタブーです。より一層の疎外感を感じかねません。母親からじっくりと母国の子育て方法と、「今何が大変なのか」「どうしてほしいのか」を聞いて、母親に応援のエールを送りながら、P君の成長を共に見守り、共に育てる喜びを分かち合う意図を伝えていかなければなりません。

忙しい父親にも、P君の送迎や園行事への参加を促していき、母親の不安解消に協力するように呼びかけてほしいと思います。外国籍の親子のトラブルを解決するのは「すべてをプラスに捉えること」です。P君の母親に母国の育児や教育方法を教えてもらうことで、全職員、園児が国際感覚を身に付ける学習の機会としたいものです。

- ☑ 日本語がわかる人を仲立ちにして、最初に意思の疎通をしっかりとする
- ☑ P君が理解できる言葉かけや、参加できる遊びを取り入れる
- ☑ 母親から家庭での子育て方法を聞き、共に育てることを伝える
- ☑ 保育者と他の園児が国際感覚を身に付ける学習の機会と位置付ける

第2子出産で養育困難になった母親

事例 いつも父親と登降園するQ君
母親は第2子出産後、Q君の育児をしていないようです

最近入園してきたQ君（3歳）は、朝7時から夜7時過ぎまでの延長保育を毎日利用しています。登降園の相手はいつも父親で、「大変です。私も疲れます」と言うのが口癖です。

Q君は朝から元気がなく、服も前日着ていたものをそのまま着て来ることがあります。体力・気力共に他のクラスの子どもと比べても随分劣ります。しかし、給食はしっかりと食べ、残すことはありません。

こういう状況から父子家庭なのだと思っていたら、「母親は、第2子（生後2か月）を出産してから、ほとんどQ君の世話をしない」と連絡帳に書かれていたことで母親の存在を知り、会う機会をつくろうとしました。しかし、母親は会うことを嫌がり、手紙を送ってきました。

手紙には「下の子どもを産んでから、疲れて何もする気がしない」「上の子どもがわずらわしくて、かわいくない」などと、気になる内容が書かれています。

現在は、より手厚い保育はまだQ君に必要ないと考えていますが、家庭支援のために何かよい方法はないかと考えています。

解説 「親力育成」のために家庭支援をしつつ市町村やNPO法人などの関係機関と家庭をつなぐ

家庭教育と地域教育の力は以前よりも低下している

最近、「連携や協働による子育て支援」という言葉をよく耳にします。家庭と地域の関係機関が連絡を取り合い、お互いに協力して支援していこうという意識は、当たり前のことと受け止められてきた感があります。

子育ての責任は、第一に家庭の親にあります。このことは、「子ども・子育て支援新制度」の基本的な考え方に掲げられた「子どもと子育て家庭を応援する社会の実現に向けての制度構築」の文言からもわかります。

しかし、現在の子育て・子育ち環境を見ると、家庭教育と地域教育の力は以前より低下していると言えます。園としては、それを念頭におき、「親力育成」を視野に入れ

て、園としてできる家庭支援の方法を構築していかなければならないのです。

加えて、『児童福祉法』改正で子育て支援事業が法制化されていることもあり、地域の関係機関や子育て支援活動を行う団体などと連携した訪問型支援活動の実施も視野に入れなければなりません。これらのことからは、保護者の子育てニーズを中心に、園内外の関係者がお互いに協力し合わなければならないことがわかります。

言い換えると、子育て支援での園の役割は、保護者と関係機関を媒介することだとも言えるでしょう。

園が行うべき家庭支援のプロセス

事例では、母親の出産後の疲れが、Q君への養育困難を起こしていると考えられます。個人差はありますが、産後は涙もろくなったり、憂うつ状態になったり、その他、不眠、頭痛、イライラ、思考力の低下、疲労感などの諸症状が出てくると言われています。

まず、母親の疲労感や憂うつ状態をできるだけやわらげ、心身共にリラックスさせる支援の方法を考えなければなりません。

その場合、市町村の養育支援訪問事業やNPO法人などの家庭訪問事業などを紹介することをお勧めします。

養育支援訪問事業は、乳児家庭全戸訪問事業などで把握した、育児ストレス、産後うつ病、育児ノイローゼなどの問題によって子育てに不安を抱える家庭に対して、子育て経験者などによる育児や家事の援助、保健師などによる具体的な養育に関する指導・助言を行う事業です。個々の家庭が抱える養育上の諸問題の解決、軽減を図ります。

また、NPO法人などが行っている家庭訪問事業には、親のストレスの軽減を図るため、母親の心身の悩みに応える相談型や、子どものケアを行いながら、母親の仕事の軽減のために相談や助言などを行うベビーシッター型などがあります。

園が媒介し、市町村窓口と連絡を取り合いながら、家庭支援へとつなげていくことが望まれるところです。

早期発見の場としての園が果たすべき役割

例えば、産後うつ病の発症原因には、うつ病の既往に加え、産前の不妊治療、子どもの疾患や帝王切開、そもそもの自尊心の低さなどが挙げられます。それらは早期発見、早期治療が必要ですので、サポートのためにも、園の理解が大きな鍵となります。

解決への
ベスト
アクション

☑ 出産後の疲れによる養育困難の場合、市町村の養育支援訪問事業やNPO法人などが行う家庭訪問事業を紹介する
☑ うつ病などには、早期発見・早期治療が必須。園は、そのためのサポートをする

両親と別居し、田舎の祖父母宅で暮らす子ども

事例　都市部で働く両親と離れ、過疎地で暮らすRちゃん　家族で都市部へ引っ越すか、田舎に戻るか迷っています

　農村地帯などの過疎地では、出生率の低下や高齢化が進んでいます。そんなエリアにある保育園に通うRちゃん（5歳）は、両親と8か月の弟の4人家族ですが、現在、両親と弟は、両親の仕事の関係で遠く離れた都市部に住んでいます。

　Rちゃんは、普段、実家に祖父母と3人で暮らしていますが、土・日曜だけは母親が帰省し、2日間を一緒に過ごします。

　先日、母親から「来年は小学校に上がるのに、いまだに自分の名前がうまく書けず、本を読むのも苦手。また、デパートなど人が集まるところに行くことを嫌がり、心配です」と相談がありました。現在の生活スタイルにも不安を抱いているようです。

　しかし、仕事の関係上、どうしてもRちゃんは祖父母に面倒を見てもらわなければならないとのこと。いっそ子どもを引き取るか、もしくは仕事を辞めて、田舎の自然環境の中で育てるほうが、子どもにとってもよいのではないのかと、揺れている様子です。

解説　田舎ならではの少人数保育のメリットを伝えつつも その課題を認識して、補うための取り組みを行う

多様なサポートが求められる子育て支援

　これまでの保育園は、保育に欠ける子どもを対象とし、11時間の開園を基本としていました。

　しかし、最近では、保育サービスにも多様性や柔軟性が求められるようになってきていることに加え、「子どもは地域で産み、育てるもの」という考えも根づきつつあることから、地域全体でかかわり合う、ソーシャルサポートの拠点としての役割も期待されるようになっています。

　例えば、子どもが園で気になる言動を見せた場合、信頼を寄せる保育者との関係、友だちとの関係、遊びの内容などから判断し、その子どもに合った援助を行っていきます。

　しかし、その原因が家族関係にあると考えられる場合は、子育ての主体である保護者への支援も考えなければなりません。そうなると、園だけでの対応では、援助が行

き届かない可能性も出てきます。

　日常からいろいろな場合を想定して、関係機関と連携を取りながら、一緒になって支援できる体制を整える必要があります。

過疎地での保育のメリットと課題

　過疎地では子どもの数が少ないため、大きな集団での人間関係を体験しづらく、人と出会うことでしか得られない「関係をつなぐ力」が育ちにくい側面があります。

　また、Rちゃんの場合、両親と別居状態ということで、祖父母がRちゃんの思いをできるだけ受け止めようとして、つい、わがままな行動でも受け入れてしまうという面も考えられます。

　園はこれらを踏まえて、Rちゃんの最善の利益を考えながら、家庭支援を行っていかなければなりません。「保育活動」と「相談事業」の視点から、具体的な事例を紹介します。

[1] 保育活動
①地域の祭りやイベントに参加させ、多くの人とふれ合う経験を増やす
②小学校との連携による年上児とのグループ活動によって、人とふれ合いながら過ごす生活に関心をもたせるようにする
③園外保育（散歩など）のコースを活用し、地域交流や四季折々の自然への興味・関心を深め、過疎地ならではの体験から得られる豊かな感性の育成を図る
④地域の高齢者との交流の中で、郷土食をおいしく食べたり、文化を学んだりして、先人の知恵にふれるようにする
⑤子どもがいきいきと保育活動に取り組む姿をDVDや写真に収め、保護者にプレゼントする
⑥母親が不安に感じる、本読み、文字、数などの教育課題にも取り組む。小学校へスムーズにつなげるための取り組みは、詳細な内容の開示を行う

[2] 相談事業
①日常的に子育ての相談電話を受ける
②子育て支援関連の関係機関（市町村の子育て支援窓口など）に連携を依頼する
③家庭訪問を行い、日頃から保護者（祖父母）の思いに寄り添う
④就労、住居、経済面の問題など、親自身の不安をやわらげることにも焦点を当て相談にのる

解決へのベストアクション

☑ 保育の活動内容を見直し、多くの人とふれ合える経験や小学校へのスムーズな接続のための教育課題に取り組む
☑ 園での様子を収めたDVDや写真を保護者にプレゼントする
☑ 家庭訪問で祖父母の気持ちにも寄り添いつつ、就労や住居、経済面などの親の不安に焦点を当てた相談にのる

人の話を聞かずに自分本位な行動が目立つ母親

事例　保護者の不注意で園児が交通事故に
道路では子どもと手をつなぐよう再三伝えていましたが……

　園舎と駐車場の間に大きな道路がある幼稚園でのこと。降園時に園児が車にはねられる事故が起きました。

　母親が別の保護者との話に夢中になっていたら、子どもが駐車場に停めてある自分の車を見つけ、乗り込もうと駆け出しました。しかし、子どもは母親がまだ園内にいることに気づき、急いで戻ろうとした時、事故が起きたのです。

　園の主任が「ドーン！」という音に気づき、駆けつけました。すぐ毛布を持参して子どもの体を保護すると共に、救急車を呼びましたが、母親は放心し、その場に立ち尽くしたまま。病院へも主任が付き添うといった状況でした。

　保護者には、入園時から道路を渡る時は必ず手をつなぐようにと注意していましたが、この母親は、普段から保育者の話をよく聞かず、自分本位な行動が目立つので気になっていました。今回は、幸い大事には至りませんでしたが、どう指導してよいのか迷います。

解説　緊急時の対応を普段から職員間で共有しておき
事故後は連係プレーで迅速に対応する

地域や関係機関との連携が必須条件

　私たちは、日常の保育で危機管理等に取り組んでいますが、特に東日本大震災以降、想定外の被害も意識しなければならなくなりました。これらは園だけで対応できるものではなく、保護者はもちろん、地域や諸々の関係機関との連携が必須条件となります。

交通事故のあとに園が対応したこと

　まず今回の事例で園が取った当事者への対応です。

①園長が不在であったため、すぐに園長に連絡し、病院へ向かってもらった
②主任が救急車を呼び、職員がその場にいた他の保護者への対応を図った
③母親がパニック状態であったため、父親の会社へ連絡し病院へ来てもらった
④全職員が病院へお見舞いに行った
⑤その後も随時、園長が父親へ子どもの容態を電話で知らせた

　次に、事故後に取り組んだことです。

①全保護者に事故の状況をプリントで配布
②交通安全協会に連絡し、交通安全教室を全園児、全職員で受講した
③保護者会の役員が集まり、見守りや登降園時の子どもとの接し方などを話し合い、安全のための役員会を発足させた
④玄関に、苦情処理のためのご意見箱に加えて、安全のための相談窓口を設けた
⑤園のホームページで、子どもの様子や園からの連絡を見られるようにした（メールも活用）

様々な危機への対応方法

次に、園が交通事故以外に考えなければならない危機管理についてまとめます。

1 自然事象
①地震、台風、落雷、雪、強風など、発生の可能性が高い災害を把握する（行政の防災情報などを活用）
②地震情報は、緊急地震速報で確認し、できる限り早く避難する
③危険が見込まれる場所には、普段から近づかないようにする

2 園内での事故、事件
①現在の園環境や行動のきまり、習慣の中にある潜在危険を把握し、不備や不安を洗い出し、改善していく
②シミュレーションで考える力をつけ、様々な対処法を全職員で共有する
③日常のヒヤリとする経験や小さなアクシデントを会議やミーティングで話し合い、予防策や発生時の対応を議論、共有する
④園内で事件が起きることを想定し、瞬時に行動できるようにする

3 園外での事故、事件
①園周辺の人や車の存在、交通量、工事などの環境の変化について確認する
②散歩などで行く公園は、子どもの活動エリアの植栽、倉庫、遊具などを把握し、目の届く範囲内で遊ばせるなど行動ルールを考える。水場は危険の有無を確認し、救助の方法もシミュレーションする
③遠足などは、コースを下見し、迷子になった時の集合場所、館内放送の依頼場所、携帯電話での連絡網などを確認する

保護者にきめ細やかな対応を

保育者は、様々な危機を想定して、職員のだれもが同じように動けるよう訓練をしておく必要があります。保護者へは、危機管理についてのプリントを配布するだけではなく、園の安心・安全への取り組みをその都度伝え、保護者が安心して過ごせるよう、細やかな配慮が求められます。

- 保護者や地域や関係機関と連携し、危機管理に取り組む
- 事故が起きた場合は、職員が連携を図り、迅速に対応する。どのような状況でも動けるよう、職員の訓練を重ねる
- プリント配布だけでなく、保護者にはその都度園の安全への取り組みを伝える

貧困家庭に育つ子どもの保育

事例 父親の失業で、週2日の一時預かり保育を利用するSちゃん
情緒が安定せず、継続的な保育を勧めるのですが……

　ある園では、通常は一時預かり保育を行っていませんが、母親が急に働くことになり、入園できる保育園が他にないという理由で、Sちゃん（1歳）が入園してきました。父親は失業中で、経済的に困っています。

　現在、母親への愛着が強いSちゃんの母子分離を進めようとしていますが、Sちゃんの保護者は経済的理由から週2日ほどの保育を希望するのみです。

　父親は在宅で育児をしているようですが、食事や入浴などの世話がきちんとできていないようです。いちばんよいのは、週6日園に預けてもらい、Sちゃんの情緒を安定させ、保護者の精神的負担も減らしていくことだと思うのですが、そのことを伝えると、「週2日以上は預けられない」とくり返すばかりです。

　当のSちゃんは、園へ来ても午前中は泣いてばかり。精神的に安定しません。

解説 一時預かり保育を受け入れられるように園の形態を変更し
継続的・多面的に、家庭へのケアができる体制を整える

子育て世代の経済情勢と育児環境

　現在、若い世代のリストラや非正規雇用が増加していますが、子育て世代の経済的安定は必須要件です。家庭内が経済的に安定しないと、家庭不和、子どもへの不適切な養育へとつながる可能性があります。

　養育費や医療費、そして、教育・保育にかかわる諸々の費用は、家庭生活を圧迫します。物やお金が豊かであれば、よい養育につながるとは断言できませんが、経済情勢、雇用状況などが、子どもの育児環境に大きな影響を与えるのは事実です。

　また少子化の要因の1つに、育児の経済的負担感があると考えられています。子育て家庭からは、医療費、教育・保育にかかる費用のより手厚い助成などを望む声が多くあがっています。親の負担に対する支援の充実が望まれるでしょう。

子育てしやすい生活環境に向けて

　昨今、教育・保育費の支援や、子育て世

帯の居住環境の整備や優遇など様々な支援が進められています。

子育て支援は、貧困問題や保護者の就労によって生じる格差をなくし、子育て・子育ちがされやすい生活環境の実現に向けられるべきです。これからも、様々な支援策が講じられなければならないでしょう。

園がとるべき対応

この事例で園がとるべき対応は、次のように考えられます。
① 「一時預かり保育」を継続的にするための手続きを行う。加えて、非定型的保育サービス事業（保護者の就労形態等により、家庭における継続的な保育が困難な児童向け）、緊急保育サービス事業（保護者の疾病、入院等により、緊急、一時的に保育が必要な児童向け）、親の育児ノイローゼ、乳幼児の精神的ケアなどに対応できるようにする（一時預かり保育の場合、「就学前児童」が受け入れ対象なので、事例の場合でも受け入れは可能）
② 対象者が、公的機関から補助を受けられるようにする
③ 育児疲れに対してケアが必要であるという認識を強める

一時預かり保育や支援事業の対象となる家庭と子ども（例）

対象は次のような境遇の子どもです（地域により若干内容が異なります）。
① 親等の就労形態等により、家庭における継続的な育児が困難で、一時的に保育が必要となる子ども
② 親等に短時間、断続的労働、職業訓練、就学等により、原則として平均週3日程度の家庭における育児が困難となり、保育が必要となる子ども
③ 親等の育児疲れ、育児等にともなう心理的、肉体的負担を解消する等、私的理由により一時的に保育が必要となる子ども

子どもの幸福な生活の保障は保育者の責任

経済的理由などにより、保育が受けられない児童にとって、一時預かり保育や支援事業は、大変心強い制度だと思います。

保護者が1人で悩まないよう、地域の様々な機関や民生・児童委員、子育て支援センター、公的機関の利用や、インターネットなどの情報の活用を促しましょう。子どもの最善の利益を保障し、幸福な生活を保障することは、私たちの責任であるからです。

解決へのベストアクション
- ☑ 一時預かり保育が可能な園形態に変更し、非定型的保育サービス事業、緊急保育サービス事業として、親や子どもの精神的なケアができるようにする
- ☑ 支援が必要な保護者には、地域の様々な機関や民生・児童委員、子育て支援センター、公的機関などの利用を促す

「おやじの会」がなかなか盛り上がらない園

事例 子育てへの父親参加を応援しようと、「おやじの会」を発足させたものの、毎回参加者は数名で……

ある園では、創立30年を迎えたことを記念して「おやじの会」を発足させました。

発足当初は、保育参観日、夕涼み会、運動会、発表会等への積極的な参加を促し、父親参観日や行事の際の事前の手伝い、当日の役割分担、終わった後の反省会など、園主導でいろいろな取り組みを行ってきましたが、毎回、参加者は4〜5名程度。何をしても盛り上がりに欠け、これから会をどう運営してよいかわからない状態でした。

そこで、「おやじの会」が活発な園に視察に行ったり、その役員の方のお話をうかがったりしながら研修を重ねていきました。しかし、土地柄なのか、なかなか会は盛り上がっていきません。

役員を引き受けてくださる父親が決まっていることもあり、特定の人に負担がかかってしまっている状況です。

解説 「おやじの会」が盛り上がっている園の取り組みを学び「やらされ感」のないプログラムを考える

徐々に進む男性の子育て参画

10年ほど前までは、園の保護者会の参加は女性で占められていましたが、最近は父親や祖父など男性の参加も増えてきています。

自治体の長期総合計画や『次世代育成支援対策推進法』などに「男性の子育て参画」が盛り込まれたこともあり、父親の育児参加は進んでいますが、「子どもは好きだが、かかわり方がわからない」と話す父親も多いものです。また、園へ子どもの送迎をしている父親と話すと、園行事などに参加を希望する人は多く、育児参加にあまり抵抗を感じていないようでした。

父親の協力は理想的な子育てへの鍵

子育てに疲れている母親は、そのイライラを子どもに向けがちです。これが、子どもへの不適切な対応や、時には虐待につながることもあります。母親との密着状態が続くことで子どもの自立が妨げられ、思春

期の非行の火種となることも多いのです。

父親と母親とが協力し、なごやかな雰囲気の家庭で成長する子どもは幸せです。夫婦が精神的に尊重し合い、支え合いながら、子どもと向き合う。そんな温かな家庭をつくり出すには、父親の力が欠かせないのです。

育児の手伝いから育児の主体者へ

事例のように園主導で「○○をしてください」とくり返しても、「やらされ感」が強まるばかりで「やってみたい！」へはつながりません。父親自身が積極的にやろうと思える方法を考えていくとよいと思います。

「おやじの会」の成功事例を紹介します。

1 園庭に小さな「子どもの家」

建設関係の仕事をする父親を中心に、お迎え時の1時間と日曜日を使って、園庭に「子どもの家」をつくりました。これをきっかけに、「もっと子どもが喜ぶ姿が見たい」と、園長先生と父親たちで食事をしながら話し合う機会がもたれています。

2 父親主導で夏のキャンプ

夏に1泊2日のキャンプを開催しています。開催場所やキャンプの内容は、園長と主任と父親たちで決めていきます。キャンプに詳しい人が中心となり、アウトドア教室をすべての父親参加で行います。
① キャンプまでのスケジュール決定
② 当日のイベントの役割分担
③ 地域の人を巻き込むための方法を考える
④ 栄養士を交えた野外料理の実習
⑤ 終了後の反省会

3 夏祭りの企画、運営参加

園の縁日で、焼きそば、たこ焼き、ちくわの串焼き、かき氷などの店の企画と運営を行います。

4 発表会への参加

子どもの生活発表会で、前日の準備（飾りつけ、用具の確認、パンフレット準備など）、当日の劇や踊りの発表に参加します。

父親にも育児仲間を

父親も育児仲間をもつことはとても大切です。他の父親は子どもと何をして遊んでいるのか、どのように子どもと向き合い、ほめたり叱ったりしているのかなど、多くの情報交換がなされます。園は、父親のニーズをしっかりと受け止め、父親が主体的に楽しく取り組めるプログラムの開発や、父子で遊ぶ機会や場の提供を行っていくことが望まれます。

解決へのベストアクション
- ☑ 園主導で会議を進めるのではなく、父親の「やってみたい」につながる呼びかけをする
- ☑ 「おやじの会」の取り組みが成功している園の事例を研究する
- ☑ 父親も育児仲間をもてるよう、情報交換の場を設ける

「遅寝、遅起き、朝ごはん抜き」の家庭

事例　朝食抜きで、毎日10時頃に登園するT君　園生活でも覇気が感じられません

T君（5歳）は、毎朝10時頃に登園してきます。特に月曜日は、疲れきった様子でお昼近くに登園することもあります。母親に「もう少し早めに来られませんか？　来年は小学生ですし」とお願いしても、「パパの帰りが遅く、寝るのが遅いのです。朝ごはんは食べたがらないので食べさせていません」と話します。大人の生活リズムに合わせているようです。

担任からは、T君は、「元気がない」「外遊びでけがが多い」「運動遊びは消極的」「話を集中して聞けない」など、気になるところがたくさん出てきています。

職員のミーティングでもT君について話し合い、各方面からの働きかけを試みています。しかし、母親は、保護者会への出席はなし、クラスだよりやおたより帳は読まないなど、あまり真剣に考えていないようで、困っています。

先日は、看護師が子どもの発達について直接話しましたが、「私は責任をもって子育てをしていますから」と、聞く耳をもってもらえなかったようです。

解説　大人中心の過ごし方から、子どもの生活リズムを優先した1日の流れを、具体的に提案する

「遅寝」の子どもが増えている

最近よく、「子どもたちに遅寝が多い」と言われます。日本小児保健協会の調査では、夜10時以降に寝る子どもは、4、5歳児で約25％という報告※もあります。

睡眠不足を訴える大人は多いですが、子どもも大人の生活環境にふり回されることが多い現状からすると、わが国のかなり多くの人々が、睡眠不足の状態にあるのではないかと思われるほどです。どんな地域にも、24時間明かりがともるコンビニエンスストアがあり、テレビは24時間放送され、インターネットも24時間利用可能です。昼夜の区別なく生活しようと思えばどこででもできる環境です。暗闇であるはずの夜が、「明るすぎる」現状があります。

66　第3章　生活を営む環境や場における支援

保護者ができそうなことから生活改善を勧める

まずは、保護者に生活リズムの改善を提言することでしょう。常識的には、子どもをもてば、子どもの生活リズムを優先させた家庭生活になるはずですが、今の保護者は、若い頃、自分の思い通りに生活をしてきた方々がそのまま親になっているように感じるので、理解できているのかと疑問に思います。しかし、頭ごなしに「子どもの生活リズムを考えて」と、説教するのは好ましい方法ではありません。

子どもの健全な育成には、「早寝、早起き、朝ごはん」のメッセージにもあるように、睡眠と栄養のバランスが大切です。子育てを専門とする保育者が科学的根拠をしっかり説明し、理解を得ることが必要でしょう。

いくらよいことでも保護者が実践できなければ意味がありません。保護者ができることから勧める必要があります。

取り組みやすい具体的な例

家庭で取り組めることをいくつか紹介します。

[1] 眠りに誘うために

①子どもがテレビを観る時間、遊ぶ時間帯を決める
②夕食は午後6時〜7時頃にする
③夜9時以降は、できるだけ部屋を暗く静かにし、寝る雰囲気づくりをする
④添い寝をし、お話や子守り歌などで子どもの心を落ち着かせる。背中をさする、やさしくトントンする、体の一部をさわらせて、心地よさを味わわせてもよい

[2] 朝早く起きるために

①日の出と共にカーテンを開け、朝の光を部屋に入れる
②小学校の登校時間に合わせて起こす

[3] 朝食を摂るようにするために

①朝ごはんは食べやすい大きさにし、喜んで食べられるように工夫する
②会話ができる程度に時間の余裕をもち、食べ始める

著名な講師の話を聞く機会を

連絡ノートやおたより帳を見ない保護者も増えています。そんな保護者には、専門家の講演をDVDに撮るなどして見せるのも手です。専門家の話には説得力があります。すべての保護者がやる気を出して取り組めるように働きかけるとよいでしょう。

解決へのベストアクション

- ☑ 子どもの生活リズムを優先した生活に改善するよう保護者に具体的に提言する
- ☑ 眠りに誘う、朝早く起きる、朝食を摂るための方策を伝える
- ☑ 専門家の講演を聞く機会を設け、保護者のやる気を引き出す

＊「平成22年度幼児健康度調査報告」より

Chapter 3-⑩ 読み書きや英語を教えない保育方針が不満

事例 「園で机に向かう姿勢を学ばせないと小学校で集中できない子どもになる」とクレームが……

Uちゃん（3歳）の母親はクラス担任に、「遊ばせるだけでなく、文字の読み書きや英語も教えてください」「机に向かって勉強するようにしてください」と言ってきます。

先日、日曜に『親子ふれあい遊び』をしました。クラスのほとんどの両親が参加しましたが、Uちゃんは欠席でした。後で理由を聞いたところ、学習塾の行事と重なったからということでした。

Uちゃんには小学1年生の兄がいます。母親は「お兄ちゃんが、小学校で先生の話が聞けず、落ち着きがないのは園で指導してもらえなかったから。1年生は、教室で静かにしている子どもが少なく集中力もないし、先生も全然叱らない」と話します。いわゆる小1プロブレムについて思うところがあるようですが、「園がしっかりしないから、小学校の先生がかわいそうだ」と、園の責任にして保育内容にクレームをつけてきます。

担任は、母親から言われるたびに小さくなり、夜もよく眠れていないようで、メンタル面が気になります。

解説 園の日々の遊びの中に、小学校へとつながる学びのプロセスがあることを、具体的に示す

じっと座っていられない小学1年生

メディア等で一時期、小1プロブレムが取り沙汰されました。なかでも入学間もない1年生の様子として伝えられる「じっとしていられない」「人の話が聞けない」「集中力がない」「コミュニケーション能力が低い」という情報は、多くの保護者にとって気になるところだと思われます。

私は4月中旬の小学1年生の教室にうかがったことがあります。その際、教室のざわざわして落ち着きのない雰囲気に唖然としたことが思い出されます。

遊びを通して学習するのが自然な園児の姿

昨今、文字の読み書きや英語に早い時期

から関心をもつ保護者が非常に増えてきています。

保育の中に文字の読み書きや英語を取り入れることを否定はしません。ただ、幼児期は、遊びの中で学習していくことが自然な形です。小学校や学習塾で行われているような『○○教室』といった活動は、この年頃の子どもの育ちには適さないでしょう。園で行う幼児期の学習について、子どもの最善の利益を考えた場合どうするのがいちばんよいのか、また、それを保護者にどう伝えるとよいかは、園全体で話し合いましょう。

園の保育では、「ルールやマナー」「人とのかかわり方」「運動遊び」「絵画や音楽」など、いろいろなことを総合的に学べるようになっていることを、ゆっくり時間をとって保護者に話す必要があるでしょう。

ただ、事例のような保護者に、幼児期の教育や保育のあり方について「言われるようにはできません」と言い放つわけにはいかないでしょう。理解を得るには、文字の読み書きや英語の力をつけるために、園ではどのような取り組みを行っているかを具体的に示す必要があります。

例えば、「これいくつ？」と聞いたり、給食のイチゴの数を一緒に数えたりすることで、子どもは自然と数に興味をもち、算数につながる力がつきます。「○歳だから教える」ではなく、興味や関心をもった時が始め時です。保護者にも、普段の生活環境にもよい教材があることを伝えましょう。

ちなみに、英語については、①歌や絵本などで取り入れている、②CDで正確な発音の英語のお話や歌を聞いている、③外国人と英語遊びを通して、簡単な挨拶や日常会話のやりとりをしている等の説明が考えられます。

「未来の宝」育ては大人が夢を描いて

保育内容については、「保護者から言われたから保育に取り入れる」「園児獲得のため、保育の目玉として行う」のではなく、これからのグローバル社会を生きる子どもたちが、生きる楽しさと喜びを感じ、また、意欲的に学びに取り組めるようになるにはどうしたらよいかを踏まえる必要があります。そこでは、保護者と協働して未来に羽ばたく子どもたちを育てていくという視点が大切になります。上手に保育を展開している園を参考にすることもお勧めします。

解決へのベストアクション

- ☑ 幼児期の子どもに必要な学びの方法を保護者に伝えられるよう、園全体で話し合う
- ☑ 机に向かわずとも、日々の保育で、読み書きにつながる力を養っていることを説明する
- ☑ 保護者に言われたから、あるいは園児獲得のためという理由で、保育内容を変えない

「障がいをあわれまないで！」と支援を拒絶する親

事例　軽い知的障がいがある Vちゃん
母親は、地域の方や園のスタッフの手助けを断り……

　Vちゃん（3歳）は、軽い知的障がいがあります。母親はパートに出ていますが、「子どもと一緒にいる時間を大切にしています」とよく言われ、毎日、帰り際に「子どもはいじめられませんでしたか？」「バカにされていませんか？」と気にされている様子です。

　先日、園では地域の民生・児童委員の方と一緒に、牛乳パックでバッグを作りました。委員の方は「Vちゃんはとてもかわいいし、また一緒に遊ぶ機会をつくってください」と母親に声をかけましたが、母親は、「他人には、私の本当のつらい気持ちなどわからない。地域の方々に借りをつくりたくないので、断ります」と言われました。

　一度、「現代は、1人のお子さんの健やかな成長をみんなで見守り、支援していく社会です」と園長が話したことがあります。その時も「こんな子をもった親やこの子と、あわれみの気持ちで付き合ってほしくない」と拒まれました。園と地域でVちゃんを支援したいという思いがうまく伝わりません。

解説　園と地域がすべての家庭を支援するという「支え合い」「育て合う」子育てに理解を示してもらう

コミュニティ・スクールと家庭支援

　現在各地で、コミュニティ・スクール（学校運営協議会制度）を活用した「地域とともにある学校づくり」に向けた家庭教育支援、学校支援に取り組む活動が小学校以上の学校で行われています。

　地域の方々や保護者に、学校支援活動の担い手として参画してもらい、保護者・家庭のつながりを強化したり、「地域全体で子どもを育てる（家庭教育を支援する）」という意識の醸成を促したり、家庭教育支援にあたる組織を学校運営協議会が窓口となってつくり、困難を抱えている家庭の状況に応じた支援について検討したりしています。

　実際の支援にあたっては、地域内で同じ悩みを経験した保護者として、近い立場で活動ができる人材（コーディネーター）と連携し、家庭訪問などのきめ細やかな支援

70　第3章　生活を営む環境や場における支援

を届けることができるということです。

上から目線でない対応を

事例では、民生・児童委員の方の「困っているのだったら、面倒を見ますよ」という上から目線の対応もあり、母親は心を開かなかったのだと考えられます。園内に、学校にあるようなコミュニティ・スクールの仕組みをつくり、「園も地域も子育ての家庭を支援する」ということを、保護者全員に知らせることから始めるとよいのではないかと思います。

家庭支援で配慮するポイント

養育が困難な子どもに対する家庭支援での配慮ポイントを紹介します。
①保護者も悩み、問題を抱えているケースが多いので、園の教育・保育方針などを丁寧に伝えるようにする
②支援の意図をよりよく理解してもらうために、地域の民生委員、児童委員、保健師、臨床心理士などと連絡を取り合いながら、福祉保健の観点からも協議していくようにする
③園が直接関与する部分を少なくし、できるだけ第三者機関を介在させる。地域の関係者などで構成されている要保護児童地域対策協議会を活用することが望ましい
④継続的な家庭支援を行えるように、園と小・中学校、関係機関の連絡会議を設ける

養育が困難な家庭への支援体制の強化

養育が困難な子どもの家庭への支援では、他園の取り組みなどを共有する仕組みをつくることが大切です。

その際、まずは、スクールカウンセラー、スクールソーシャルワーカーなどの専門の人材と連携を図りながら、福祉保健の関係機関とのネットワークづくりを進めます。同時に、保育者が専門的スキルを身につけること、園内の協力体制づくりを職員の共通理解のうえに進めていくことなどが望まれます。

解決へのベストアクション

- ☑ コミュニティ・スクールの仕組みを意識し、同じ目線で支援するという方針を保護者全員に知らせる
- ☑ 自園の教育・保育方針を丁寧に伝えると共に、第三者機関を介入させる
- ☑ 継続的な支援のために、小・中学校、関係機関と連絡する機会を設ける
- ☑ 職員の共通理解を促し、園内の協力体制をつくる

一般的（とみなされる）家庭への子育て支援

事例　仕事を休むのはもう限界　父親は出張が多く、1人で子育てに奮闘する母親への救いは？

保育園に2人の子どもを預けている共働きのWさんは、「子育て支援制度の利用方法がよくわからない」と、不満をこぼしています。

父親は週2～3日は出張や深夜帰宅で家を空けることが多く、子育てへの協力を得るのは難しいと言います。

先日、下の子がインフルエンザに罹り、Wさんは仕事を1週間休んで看病しましたが、翌日から今度は上の子が罹ってしまい、もう1週間休みを取らざるをえなくなりました。職場では、さすがに言い出しにくい雰囲気で、肩身の狭い思いをしたそうです。

その一方で、同じ保育園には、父親が公務員で1か月間の育児休暇をとれる方もいて、Wさんには、それが不公平に感じられるようです。

また、休日に子ども2人を地域の子育て支援センターに連れて行ったところ、特別な事情があるように見えたのか、利用する理由を根掘り葉掘り聞かれたそうです。このようなこともあって、結局Wさんは今でも1人で子育てをし、疲れきっている様子です。

解説　特別な事情がない家庭ほど見落とされやすい　親の力を信頼し、園は地域の潤滑油として支える

新しい家庭支援の形「循環型子育てシステム」

育児の支援が、地域のつながりや血縁の中で得られた時代がありました。しかし時代は変わり、今やそういう育児支援のシステムが崩壊している状況です。そうなった以上、新しい時代に合った助け合いの形が必要になります。

子育て中のどの家庭にも支援が必要な時期は、遅かれ早かれやってきます。手助けを求めることは、今や特別なことではありません。むしろ、大変な時に「助けて！」と言えることのほうが求められていると言えます。

しかし、支援が必要なのは一時期だけです。子どもがある程度成長して手が離れたら、今度は、手助けされた側が今困っている

親たちを手助けする側にまわる。これが「循環型子育てシステム」で、新しい形の家庭支援です。

一般的（とみなされる）家庭への具体的な支援の仕方

行政機関は、「ひとり親家庭」「障がい児をもつ家庭」「貧困家庭」「特別に養育が必要な家庭」などには、それぞれの窓口で対応しています。しかし、それらにあてはまらない、今回の事例のような、一般的（とみなされる）家庭への支援については、園が公的機関と連携して対応することになります。

そのために、園が対応すべきと考えられる具体策をいくつか紹介します。

1 親の孤独を救うたまり場の設置

同じ悩みをもつ親同士が集い、自由に話し合うことができるたまり場を園の中に設置します。

2 研修会の開催

親が自分のおかれている家庭環境をプラスに捉え、自分なりにワーク・ライフ・バランスを設定する力をつけるため、研修会などを開催します。

3 親力向上支援の取り組み

子育てを上手に行っている家庭を訪問し、知り合った仲間同士が励まし合い、支え合っていけるような機会を提供します。

親のエンパワーメントの可能性を信頼する

どんなにダメだと思われるような親にも、必ずよいところはあるはずです。まずは、親のエンパワーメント（養育力向上）の可能性を信じることです。

本来、家庭支援の目的は、それぞれの家庭で主体的に子育てする力を育てるために、親自身が自らの子育て方法を見直しながら、自分流の喜びを見出せるようになることだと思います。そのために、園が常に家庭に寄り添い、共感しながら、必要な情報を与え続けていかなければなりません。

園は家庭と地域の潤滑油

最初は園が地域と子育て家庭の関係を取りもっていたとしても、親に、地域で協働して子育てに取り組もうとする力がついてくれば、自ずと園の手から離れていきます。まず、園が地域と子育て家庭をつなぐ潤滑油となることで、地域に支え合いの子育て環境が生まれるのです。

解決へのベストアクション

- ☑ 同じ悩みをもつ人が集える場をつくる
- ☑ 親が自分の環境をプラスに捉えられるような研修会を設ける
- ☑ 親のエンパワーメントの可能性を信じて育てる
- ☑ 地域と子育て家庭をつなぐ潤滑油となり、地域の支え合いの子育て環境に貢献する

園児の家庭支援に加わりたいという児童委員

事例　虐待の可能性のある家庭への対応を子育て支援課や児童相談所と進めていたら、児童委員が名乗りをあげて……

　ある日、認定こども園に、主任児童委員が、「私の見守り範囲内の家庭から、子どもを大声で怒鳴るのが聞こえてきます。その家に住む5歳の男の子は、この園に通っていますね。その子の情報を教えてください」と訪ねてきました。

　応対した担任の先生が、「園長先生にお話しください」と言って園長につないだところ、園長はすでに、市の子育て支援課の担当者や児童相談所に連絡し、その親とも話し合いながら支援を進めているところでした。

　その旨を話したところ「私たち児童委員は、地域の子育て家庭で問題が起きた時、相談にのったり、他の機関と連携を取ったりしながら支援をしていくことが仕事です。ぜひ、私も支援の輪に入れてください」とおっしゃいます。

　そして、その家庭を訪問して親子に会い、「園に相談するより、私のほうへ」と言いながら、かかわりをもとうともしています。

　児童委員と協力して園を取り巻く地域の実情を捉え積極的にネットワークづくりを進める

民生委員・児童委員の活動について

　2012年度に開催された全国民生委員児童委員大会大分大会※の開催要綱の趣旨に、「地域の住民、様々な機関・団体などが連携して、人と人との絆を深め、支え合う仕組みや見守りネットワークの構築が求められています。その中で、常に地域住民の立場に立って活動する民生委員・児童委員は、だれもが安心して住み続けることができる地域社会づくりに向けて、『広げよう　地域に根ざした　思いやり』行動宣言に基づいた取り組みを推進していかなければなりません」とあります。

　主任児童委員は、児童委員のうち児童福祉に関する事項を専門的に担当します。区域を担当する児童委員と一体となった活動を展開することにより、児童委員活動の推進を図ることを目的に制度化され、その立場は法律上明確に位置づけられています。

　選任にあたっては、民生委員、児童委員

の中から都道府県知事、政令指定都市長、中核市長の推薦を受けて、厚生労働大臣が指名する形で行われます。定数は、都道府県知事が市町村ごとに決めており、平成25年3月31日現在、定数21,610人、委嘱者数21,279人です。

また、年齢要件は「55歳未満の者を選出するよう努めること」となっていますが、地域の実情で適任者がいない場合は、各地域で最も適任であると認められる人を選ぶことができます。そのため、55歳以上の人もかなりの人数になります。

園ができる児童虐待への対応

事例にもあるように、現在、児童虐待が大きな社会問題になっています。園ができる取り組みは以下のようになります。

1 発生の予防

子育て中の保護者等の身近な相談者・聞き役・支え役として相談に応じると共に、関係機関と連携を図りながら、児童虐待の発生を予防する。

2 早期発見・早期対応

『児童福祉法』第29条および『児童虐待の防止等に関する法律』第9条に基づく立入調査の実施にあたって、積極的に情報提供を行い協力する。

3 再発防止

市区町村の児童相談所、福祉事務所、保健所等の関係機関と連携し、定期的な相談や地域での見守り、再発防止やフォローアップを行う。

4 児童虐待防止ネットワークへの参画

身近な市区町村、子ども・家庭にかかわる多くの機関が参加する児童虐待防止ネットワークに積極的に参加する。

地域との連携・協働がより一層求められている

事例の主任児童委員は、自身の仕事の役割をしっかり果たそうと、園へ出向かれたことかと推察します。

子ども・子育て支援新制度により、地域との連携・協働がより一層深められるようになってきています。

園長は、園を取りまく地域の実情をしっかり捉え、ネットワークづくりを積極的に推し進める必要があります。そのことにより、より多くの人の力による切れ目ない支援の中で、目の前の子ども一人ひとりを、健やかに育てられる環境を整えることを考えなければならないのではないでしょうか。

解決へのベストアクション
- ☑ 保護者の身近な相談役として、児童虐待発生の予防と早期発見に努める
- ☑ 地域の関係機関と連携し、定期的な相談や地域での見守りで、再発防止やフォローアップを行う
- ☑ 地域の児童虐待防止ネットワークに積極的に参加する

※大会は、全国民生委員児童委員連合会、全国社会福祉協議会、厚生労働省、大会開催地の自治体、その県市町村の民生委員児童委員協議会及び社会福祉協議会等が主催です

Column ⑤

名作童話に秘められている"心育て"のヒントを紹介します。
地域・家庭支援の際、話の種としてお役立てください。

白雪姫

あらすじ

雪のように白く美しい「白雪姫」は、大切に育ててくれたお妃様が亡くなり、新しく来た性格の悪いお妃様によって森に捨てられてしまいます。

白雪姫は森で出会った「7人のこびと」に育てられ、ますます美しくなるのですが、それを聞きつけたお妃様が白雪姫を殺そうと老婆に化け、毒りんごをもってやって来ます。それを口にしてしまった姫は、こびとに見守られながらずっと眠り続けることに……。

そんなある日、隣の国の王子が通りかかり、白雪姫を見初めて求婚します。白雪姫はじきに目を覚まし、王子とずっと幸福に暮らしました。

7人のこびとは、地域社会で出会う、やさしい人たちの象徴
どんな苦難があっても、支援し、育ててくれる人はいるものです

有名なグリム童話です。このお話は、ヨーロッパから世界中へと語られ、広まっていきました。

"継母伝説"は、シンデレラや他の物語にもよく見られます。実母と違って、義理の子どもには冷たくあたるという1つのパターンがあります。

ここで出てくる森とは、地域社会や世間を表しています。その森での7人のこびととの出会いは、見知らぬ土地、見知らぬ人々が住むところにも、やさしい人はいるということを意味しています。

7人のこびとがもっている道具から、それぞれに違った能力をもっている、異業種の人々なのだとも言えるでしょう。

ご存知のとおり、西洋では、「7」はとても幸福な数字だとされています。白雪姫はラッキーな7人のこびとたちに愛情いっぱいに育てられ、娘たちのあこがれの的であった王子様と結婚することができました。

たとえどこにいたとしても、多くの苦難があったとしても、自分を支援し、育ててくれる人々が必ずいる。森にある「こびとの家」は、現代の日本でいう、養護施設や子育て支援センターのような側面をもっているように思えます。

どんな子どもにも幸せに生きる権利を保障してあげたいものです。

Column ⑥

📖 赤ずきん

あらすじ

赤ずきんは、ある日、ワインをもって病気のおばあさんのお見舞いに出かけました。その途中、森で道草してオオカミに遭遇。おばあさんの家の場所を教えてしまいます。

オオカミは先回りをして、おばあさんをひと飲みにし、おばあさんに変装してベッドで赤ずきんを待ち伏せます。いつもと違うおばあさんの姿に、赤ずきんは「声、目、耳、口が違う」と指摘しますが、オオカミは赤ずきんもひと飲みに。その後、運よく猟師がやってきて2人とも助け出されました。赤ずきんはもう道草はしないと誓いました。

森（世間）には、オオカミ（不審者）も隠れ潜んでいます
幼くとも、自分で他人を見極められる力をつけさせること

日本ではだれもが知っている有名なお話です。

日本で発刊されている絵本では、お話の設定や挿し絵が、幼い子ども向けのイメージで描かれていますが、原作では幼い子ども向けというばかりではないようです。

日本では、生理（月経）の始まった女の子には、「娘」になったお祝いとして赤飯を炊く風習があります。ヨーロッパの一部では、親戚や祖母がワインを振る舞う風習があると言います。お話に出てくるワインは、このイメージではないでしょうか。

また、赤ずきんが道草をした森は世間（社会）を表します。つまり、「娘」になったら、世の中の男の人（オオカミ）に気をつけよ、という教えだと理解することができます。

見知らぬ男の人に声をかけられたら、五感を研ぎ澄まして注意を傾けること。その際、特に「目」で様子をよく観て、「耳」で注意深く相手の声を聞くことが大事になります。

今の世の中、子どもたちの周りには不審者がいっぱいです。幼いながらも子どもたち自身に、男の人に限らず他人をしっかりと見極める力をつけさせなければなりません。

これ以上、子どもが不審者にだまされないことを願ってやみません。

Column ⑦

北風と太陽

あらすじ

ある日、空の上で北風と太陽が出合いました。北風は「太陽より私のほうが強い」、太陽は「いや、私のほうが強い」と言い合います。

そこで太陽が、「それなら道ゆく旅人の服を脱がせたほうが勝ちだ」と提案しました。

まず北風が冷たい風を吹きつけました。しかし旅人は、洋服をしっかりと押さえたうえに、さらにもう1枚、服を着てしまいます。次は太陽の番。温かい光を当てたところ、旅人は洋服を脱ぎ出します。光を強く当てるうち、旅人は洋服をすべて脱ぎ、とうとう川で水遊びを始めました。「ねっ、無理に洋服を脱がそうとしてはいけないのだよ」。

本人の気持ちや行動が前向きとなる温かなまなざしの"太陽式"が「アクティブ・ラーニング」の現場にも通じます

イソップ童話集に収められている有名なお話です。イソップ童話では、お話の後に必ず人生の教訓になるような一言が付け加えられています。

この『北風と太陽』は、どんなことであれ、人に無理やりやらせようとしてもだめであることを教えてくれます。

今の子どもたちの周囲では、ゲームなどバーチャルな世界に入り込んで楽しむ遊びが多くなっているように思います。そこでは、なんでも自分の思い通りになることに楽しみを見出しているかのようです。

そのような環境が影響するのかどうか、最近では、友だち関係においてでさえ、自分の意が通らなければ平気で相手を傷つけてしまうことがあるとも聞きます。

しかし、これは子どもたちばかりの問題ではありません。私たち大人の側も、自己中心的な考え方で子育てをしたり、子どもに自分の意を押しつけ、なんでも無理やりやらせようとしたりする場面が見られます。

人と相対する時は、太陽のような温かい心で包み込むように接したいものです。大人としては、子ども自身がそれを進んでできるよう育てていかなければと思います。

学校現場で「アクティブ・ラーニング」が唱えられるのも、太陽のような心もちが重視されてのことかもしれません。

あとがき

　本書には、深遠な思想や理論はほとんどありませんが、現場の実践から生み出された具体的対応が豊富に取り上げられていることにお気づきになられたことと思います。

　振り返りますと、2005年の保育雑誌『Nocco（ノッコ）』の指導計画から始まり、2016年の『保育ナビ』の保護者対応、家庭支援論へと、10年以上の歳月が経過しました。巷にもこの類の書籍は数多く存在していますが、「具体的にはどうすればよいのか」という核心の部分が今1つ明確でないものが多いと感じています。

　そうした点を考慮し、多くの現任者と相まみえながら足元の課題に向き合い、洞察を加え、「明日からこうすればよいだろう」という解決の糸口の提示に着手しました。

　しかし、外部環境や価値観が多様化する中で、保護者への対応もより多面的にならざるを得ません。個々の対応にあたっては、同書を参考にしつつも、最終的には読者の皆様のご判断に委ねるほかないと考えています。

　私たち大人の責務として、この時代を生きるすべての子どもたちが豊かに育ち伸びていく教育、保育のあり方を、広くかつ深く探求していかなければと思うところです。ご一読いただきました皆様からのご教示を心より歓迎いたしまして、お礼申し上げます。

2017年10月
松田順子

著者
松田順子（まつだ じゅんこ）

東九州短期大学特任教授。大分県教育委員会教育委員。長年「子どもの心と体の育ち」をテーマに、幼少期の環境と実体験が生涯の「生きる力」になることを研究している。

参考文献
『育つ・つながる子育て支援　具体的な技術・態度を身につける 32 のリスト』子育て支援者コンピテンシー研究会編著 , チャイルド本社刊 ,2009 年

イラスト

表紙・第1章　浅羽ピピ

第2章　池田かえる

第3章・column　森田雪香

保育ナビブック

**親育ち支援のための
保護者対応**

2017 年 11 月 25 日　初版第 1 刷発行

著者　　松田順子

発行者　飯田聡彦

発行所　株式会社フレーベル館
　　　　〒 113-8611　東京都文京区本駒込 6-14-9
　　　　電話〔営業〕03-5395-6613
　　　　　　〔編集〕03-5395-6604
　　　　　　振替　00190-2-19640

印刷所　株式会社リーブルテック

表紙デザイン　blueJam inc.　（茂木弘一郎）

本文デザイン　アイセックデザイン

© MATSUDA Junko 2017
禁無断転載・複写　Printed in Japan

ISBN 978-4-577-81431-4　NDC376　80P ／ 26 × 18cm

乱丁・落丁本はお取替えいたします。

●フレーベル館のホームページ　http://www.froebel-kan.co.jp/